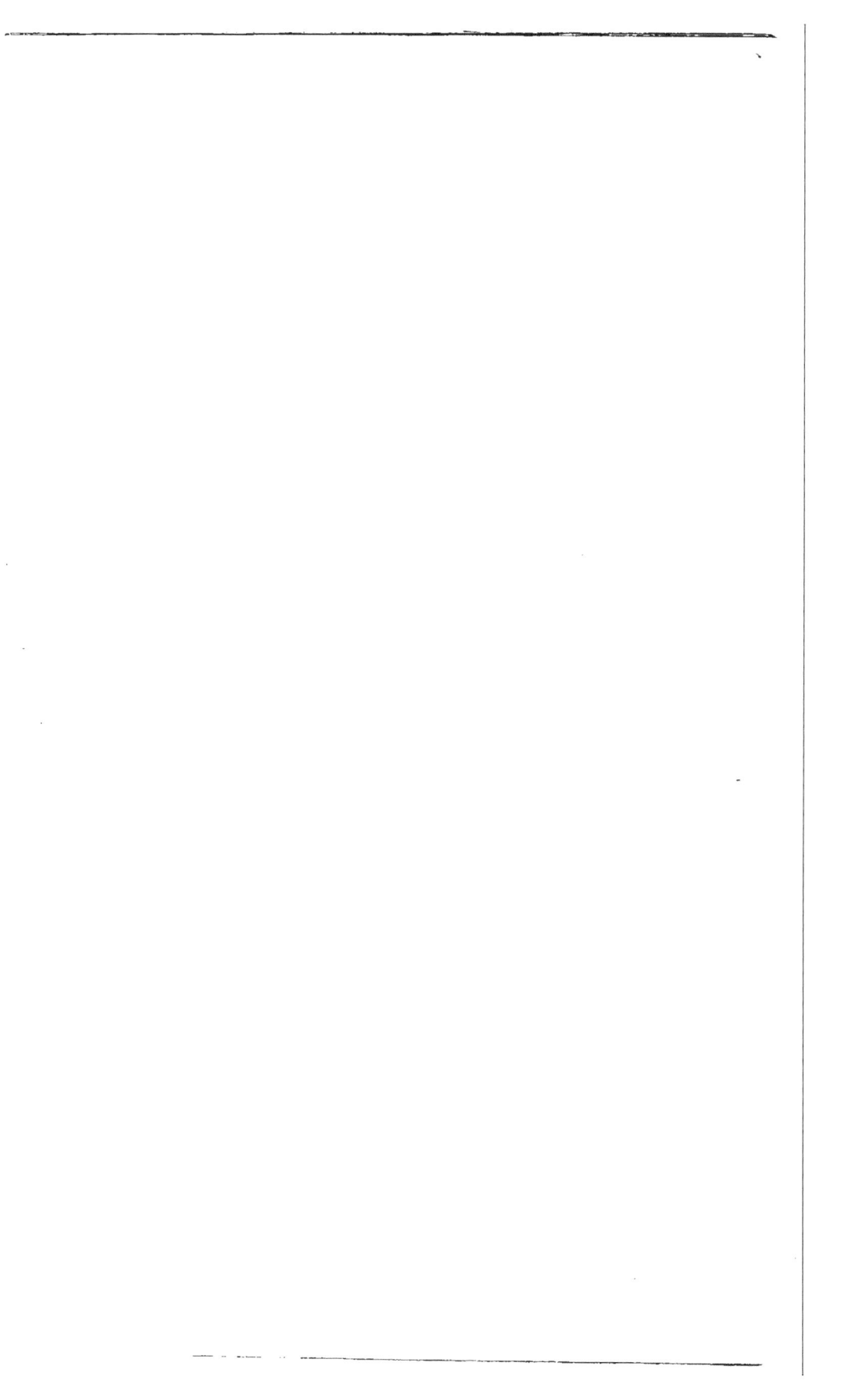

RECUEIL

DES

USAGES LOCAUX

DANS

LE DÉPARTEMENT DE L'AISNE.

———∽◦◦◦∾———

LAON.

IMPRIMERIE DE ÉD. FLEURY, RUE SÉRURIER, 22.

1863

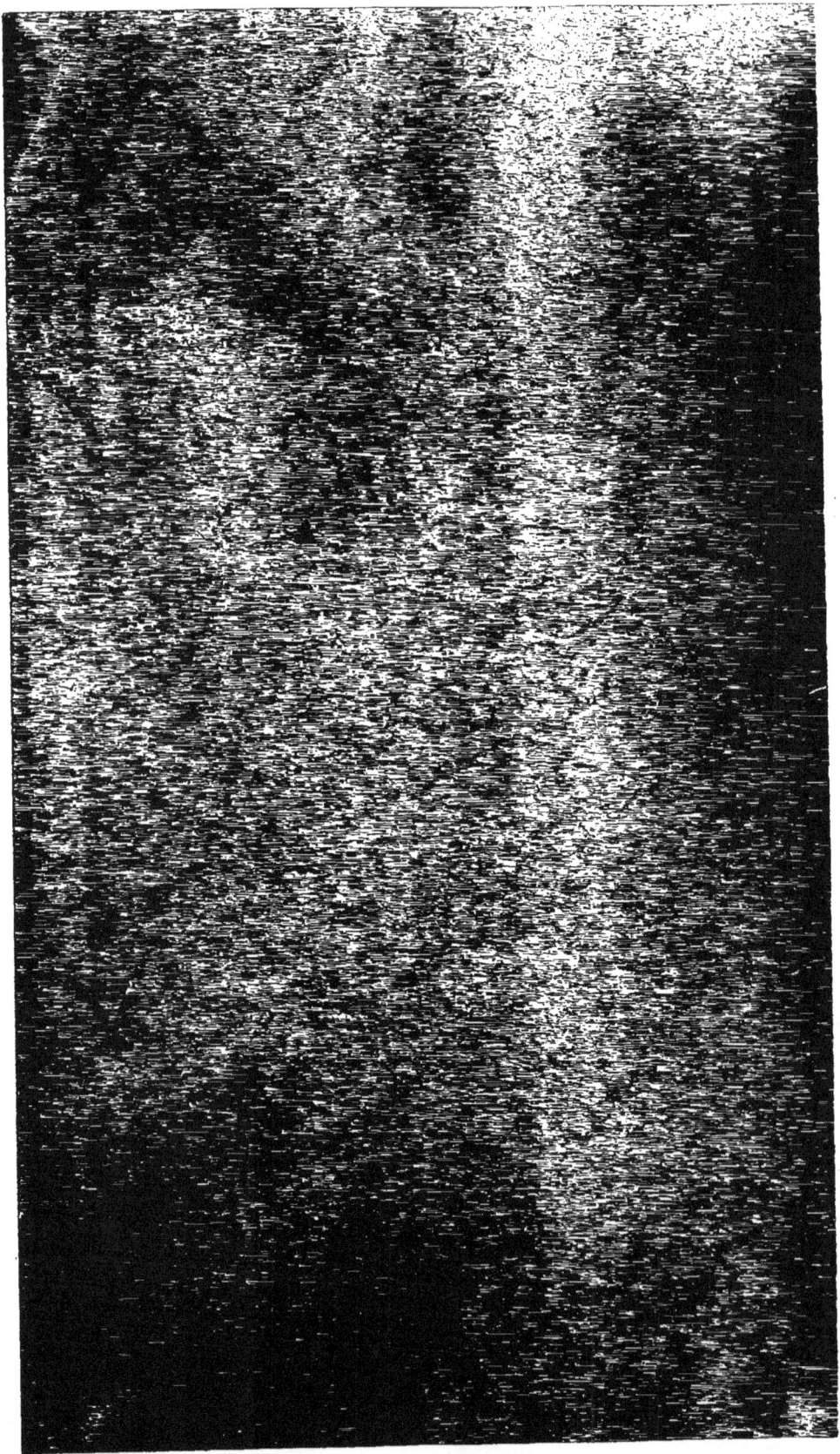

USAGES LOCAUX.

C.

RECUEIL

DES

USAGES LOCAUX

DANS

LE DÉPARTEMENT DE L'AISNE.

LAON.

IMPRIMERIE DE ÉD. FLEURY, RUE SÉRURIER, 22.

1863

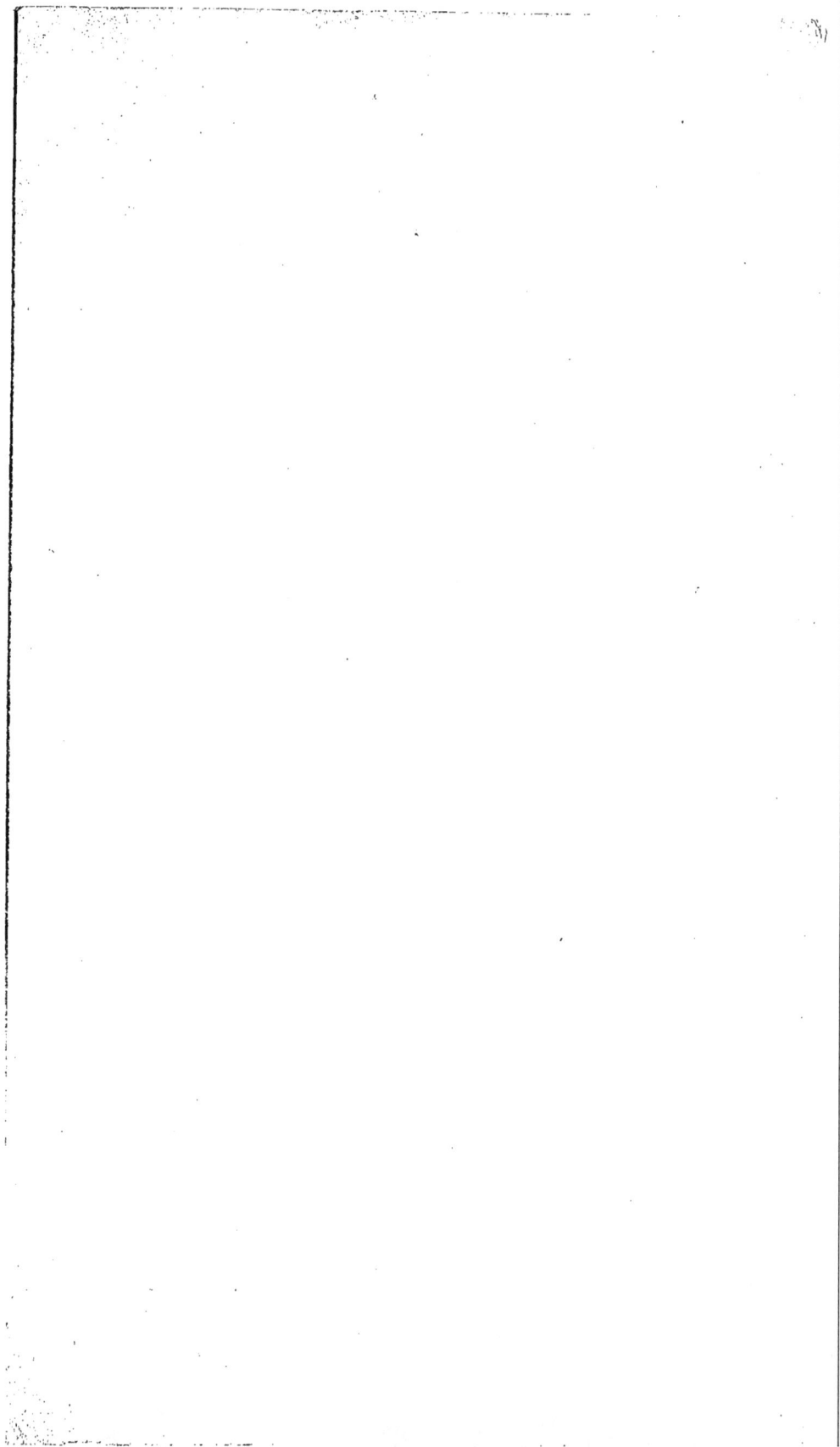

I.

ACTES ET DOCUMENTS
OFFICIELS
Relatifs à la recherche, à la constatation, à la vérification et au classement des USAGES LOCAUX *ayant force de loi.*

⸻

CIRCULAIRES MINISTÉRIELLES.

⸻

Paris, le 26 juillet 1844.

MONSIEUR LE PRÉFET,

Plusieurs Conseils généraux des départements ont, dans leurs sessions des années dernières, exprimé le vœu que l'on s'occupât de constater et de recueillir, dans l'intérêt des services de l'administration et des tribunaux, les usages locaux auxquels se réfèrent diverses dispositions législatives.

La loi, en effet, donne à l'usage force de loi dans un assez grand nombre de cas ; ainsi, le Code Napoléon a disposé que l'usufruit des bois (art. 590, 593), l'usage des eaux courantes

(art. 644, 645), la hauteur des clôtures dans les ruelles et faubourgs (art. 663), la distance à garder entre les héritages pour les plantations d'arbres de haute tige (art. 671), les constructions susceptibles, par leur nature, de nuire au voisin (art. 674), les délais à observer pour les congés des locataires et les payements des sous-locations (art. 1736, 1738, 1753, 1758, 1759), les réparations locatives ou de mince entretien (art. 1754, 1755), les obligations des fermiers entrants et sortants (art. 1777), auraient généralement pour règle *l'usage des lieux*, les règlements particuliers, les coutumes. De même la loi du 28 septembre, 6 octobre 1791, qui régit la police rurale, renvoie le parcours à *l'usage local immémorial et aux coutumes* ; de même encore, la loi du 14 floréal an XI subordonne aux *anciens règlements et aux usages locaux* la direction des travaux qui ont pour objet le curage des canaux et rivières non navigables et l'entretien des ouvrages d'art qui y correspondent.

L'énumération de ces cas principaux suffit pour que l'on comprenne de quelle utilité serait, dans chaque département, un recueil des usages formé avec soin et revu par toutes les personnes de la localité les mieux instruites et les plus compétentes. On ne saurait sans doute l'imposer comme loi ; mais les autorités, aussi bien que les particuliers, y puiseraient journellement des renseignements indispensables, et par degrés on parviendrait à rectifier et même à fixer d'une manière presque authentique des usages parfois contradictoires et trop souvent mal connus. Au moins ces documents seraient d'une grande importance pour l'élaboration d'un code rural, demandé par le plus grand nombre des Conseils généraux de département.

Il existe quelques exemples de travaux de ce genre. La Société libre d'agriculture de l'Eure, après une sorte d'enquête qu'elle a ouverte dans son sein, a publié un résumé des usages ruraux pour les cinq arrondissements du département. Un travail semblable a été fait, vers le même temps, dans le département d'Eure-et-Loir ; mais il n'embrasse que plusieurs cantons. Enfin, M. Amédée Clausade, membre du

Conseil général du Tarn, a recueilli, sous les auspices et grâce à l'appui de M. le procureur général près la cour royale de Toulouse, les usages locaux de diverses natures qui sont en vigueur dans le département du Tarn.

Je vous invite, Monsieur le Préfet, à soumettre au Conseil général cette question et à le prier d'examiner s'il y a lieu de former un recueil des usages locaux dans le département, quelle sera la marche à suivre pour en assurer la bonne exécution et quels encouragements pourront y être consacrés.

Recevez, etc

Le Ministre, Secrétaire d'État de l'Intérieur,

Signé : T. DUCHATEL.

Paris, le 5 juillet 1850.

MONSIEUR LE PRÉFET,

Par une circulaire en date du 26 juillet 1844, imprimée sous le nᵒ 35, M. le Ministre de l'intérieur invita MM. les Préfets à consulter les Conseils généraux de leur département sur l'opportunité de faire constater et recueillir, dans l'intérêt des services administratifs et des tribunaux, les usages locaux auxquels se réfèrent diverses dispositions législatives.

Des avis parvenus à mon ministère me portent à croire que cette enquête a été ordonnée dans le plus grand nombre des départements et que des commissions spéciales ont été nommées pour cet objet.

Ce travail, par sa nature, concerne particulièrement l'industrie rurale dont les intérêts se trouvent liés aux questions des baux à ferme, de la vaine pâture et du parcours, du curage des cours d'eau, des clôtures, des distances à observer pour les plantations d'arbres ou les constructions; en un mot, à une très grande quantité d'usages auxquels la législation donne force de loi en beaucoup de circonstances.

En conséquence, je vous invite, dans le cas où ce travail aurait été fait ou commencé dans votre département, à vouloir bien me le faire connaître.

Vous voudrez bien également m'adresser, le plus promptement possible, une copie ou un exemplaire de ce qui aura été produit ou publié en exécution de la circulaire de M. le Ministre de l'Intérieur.

Recevez, etc.

Le Ministre de l'Agriculture,

Signé : DUMAS.

———————

Paris, le 15 février 1855.

MONSIEUR LE PRÉFET,

Le 5 juillet 1850, le Ministre qui dirigeait alors le département de l'agriculture et du commerce invita les Préfets des départements à lui faire connaître si, conformément aux prescriptions d'une circulaire du Ministre de l'intérieur, en date du 26 juillet 1844, les usages locaux avaient été recueillis dans les localités placées sous leur administration.

Dans le cas où ce travail aurait été fait, il les engageait à lui transmettre une copie ou un exemplaire de ce qui aurait été produit ou publié relativement à cet objet.

Quelques-uns de MM. les Préfets ont adressé à l'Administration centrale, en exécution de cette invitation, des copies ou exemplaires des travaux exécutés ou des publications faites. Toutefois, ces envois ne concernent qu'un petit nombre de départements, et j'ai pensé qu'il serait utile de compléter cette grande enquête qui peut donner au Gouvernement des indications précieuses sur les besoins de l'industrie agricole.

En conséquence, je vous serai obligé de vouloir bien prendre toutes les dispositions nécessaires pour faire constater et recueillir dans votre département tous les usages locaux, c'est-à-dire ceux qui ne sont pas le résultat évident et direct d'un article de la loi, et auxquels les applications qui en sont faites dans quelques localités ou dans la plupart d'entre elles, donnent un véritable caractère de généralité.

Dans ce but, vous désignerez dans chaque canton une commission présidée par le *juge de paix* et composée du *membre* de la chambre consultative d'agriculture, du *membre* du Conseil général et de *deux* ou *trois* autres membres choisis parmi les officiers ministériels exerçant dans la localité et les cultivateurs les plus instruits.

Cette commission fera son travail qui sera vérifié par une commission centrale établie près votre préfecture et dans laquelle vous ferez entrer les membres des cours ou tribunaux du chef-lieu, ainsi que plusieurs des jurisconsultes les plus renommés.

Je vais m'entendre, du reste, avec mon collègue M. le garde des sceaux, afin qu'il adresse aux fonctionnaires qui relèvent de son département les instructions nécessaires pour l'exécution des présentes dispositions.

Vous aurez le soin de me transmettre, dès que vous le pourrez, le résultat des travaux accomplis ; mais vous voudrez bien dès actuellement m'accuser réception de la présente circulaire et de me faire connaître l'ensemble des mesures que vous aurez adoptées pour en assurer l'exécution.

Recevez, Monsieur le Préfet, l'assurance de ma considération très-distinguée.

Pour le Ministre de l'Agriculture :

Le Conseiller d'État, Directeur général de l'Agriculture et du Commerce,

Signé : HEURTIER.

II.

ARRÊTÉS ET INSTRUCTIONS
DU PRÉFET DE L'AISNE.

Du 28 juillet 1861.

Nous, PRÉFET de l'Aisne, Officier de la Légion d'Honneur,

Vu la circulaire de M. le Ministre de l'Intérieur en date du 26 juillet 1844, sur la nécessité de recueillir et constater, dans l'intérêt des services de l'administration et des tribunaux, les *usages locaux* en vigueur dans les départements ;

Vu les instructions de M. le Ministre de l'Agriculture des 15 février 1855, 12 juillet 1857 et 24 mai 1861, recommandant l'exécution de la présente circulaire ;

Considérant que, pour arriver dans le département de l'Aisne à établir aussi complètement que possible cet important travail, il y a lieu d'organiser une commission spéciale dans chaque canton,

ARRÊTONS ce qui suit :

Art. 1er. — Il est institué dans chaque canton du département de l'Aisne une commission chargée de recueillir, constater et classer, dans le plus bref délai possible, les usages locaux propres à ce canton.

Art. 2. — Les commissions instituées par l'article précédent seront composées, savoir :

DANS L'ARRONDISSEMENT DE LAON.

Pour le canton de Laon.

MM. LE JUGE DE PAIX, président.

SUIN, conseiller d'Etat, conseiller général, à Paris.

MM. BELSEUR, conseiller d'arrondissement, membre de la chambre d'agriculture, à Crépy.

Le comte DE LA TOUR-DU-PIN-CHAMBLY, président du comice agricole, maire à Arrancy.

SALMON, avocat à Laon.

MARIN, ancien notaire à Laon.

ROME, avoué à Laon.

Pour le canton d'Anizy-le-Château.

MM. LE JUGE DE PAIX, président.

Vicomte DE COURVAL, conseiller général, à Pinon.

DEVIVAISE, conseiller d'arrondissement, membre de la chambre d'agriculture, à Wissignicourt.

DESOY, ancien notaire, maire à Anizy.

ROBERT, notaire à Anizy.

BÉGUIN, notaire à Mons-en Laonnois.

Pour le canton de Chauny.

MM. LE JUGE DE PAIX, président.

HÉBERT, député, conseiller général, à Paris.

DUPLAQUET, président du tribunal de commerce de Chauny, maire à Viry-Noureuil.

DROIT, notaire, conseiller d'arrondissement, à Sinceny.

RABEUF, adjoint au maire de Chauny, membre de la chambre d'agriculture.

MONNEUSE, notaire à Chauny.

Pour le canton de Coucy-le-Château.

MM. LE JUGE DE PAIX, président.

Le baron DE POILLY, conseiller général, à Folembray.

CARETTE, conseiller d'arrondissement, membre de la chambre d'agriculture, à Auffrique-et-Nogent.

BIGOT, notaire, suppléant de la justice de paix, à Coucy.

HEURTAUX, notaire à Blérancourt.

ROMAIN, notaire à Coucy-le-Château.

Pour le canton de Craonne.

MM. LE JUGE DE PAIX, président.

GONDALLIER DE TUGNY, propriétaire à Beaurieux.

MM. DEMOURY, conseiller d'arrondissement, membre de la chambre d'agriculture, à Vauclerc-et-La-Vallée-Foulon.

GRIMBLOT, notaire à Corbeny.

COURTEFOY père, cultivateur, maire à Monthenault.

GARET, notaire à Craonne.

Pour le canton de Crécy-sur-Serre.

MM. LE JUGE DE PAIX, président.

VIÉVILLE-LUZIN, conseiller général, à Pouilly.

TURQUIN, conseiller d'arrondissement, membre de la chambre d'agriculture, à Chalandry.

LABOURET, ancien notaire, maire de Crécy-sur-Serre.

TURQUIN, notaire à Crécy.

BAUDOIN, notaire à Nouvion-et-Câtillon.

Pour le canton de La Fère.

MM. LE JUGE DE PAIX, président.

DÉGIEUX, conseiller général, à La Fère.

MARIN, conseiller d'arrondissement, membre de la chambre d'agriculture, à Courbes.

BLOT, notaire à La Fère.

LHOTE, cultivateur à Achery.

LANDRIN, notaire à La Fère.

Pour le canton de Marle.

MM. LE JUGE DE PAIX, président.

DEBROTONNE, conseiller général, à Paris.

MEUNIER, président du comice agricole de Marle, maire à Autremencourt.

GENTILLIEZ, conseiller d'arrondissement, à Voyenne.

MOURET, docteur-médecin, membre de la chambre d'agriculture, à Marle.

FROMENT, notaire à Marle.

GOVIN, notaire à Tavaux-Pontséricourt.

Pour le canton de Neufchâtel.

MM. LE JUGE DE PAIX, président.

Comte D'IMÉCOURT, conseiller général, à Roucy.

PRUDHOMME, conseiller d'arrondissement, à Neufchâtel.

MM. BRACONNIER, membre de la chambre d'agriculture, à Evergnicourt.
REGNART, notaire à Neufchâtel.
FOVET, notaire à Roucy.

Pour le canton de Rozoy-sur-Serre.

MM. LE JUGE DE PAIX, président.
MARTIN, conseiller général, à Rozoy-sur-Serre.
MÉREST, ancien notaire, conseiller d'arrondissement, à Rozoy-sur-Serre.
DEBROTONNE, membre de la chambre d'agriculture, à Clermont.
GRANDVALLET, maire à Résigny.
LELIÈVRE, notaire à Montcornet.

Pour le canton de Sissonne.

MM. LE JUGE DE PAIX, président.
LAISNÉ, conseiller général, maire à Sissonne.
MATRA, conseiller d'arrondissement, à Bucy-lès-Pierrepont.
MATRA, fils, membre de la chambre d'agriculture, à Bucy-lès-Pierrepont.
CHARPENTIER, notaire à Bucy-lès-Pierrepont.
DESJARDINS, notaire à Sissonne.

DANS L'ARRONDISSEMENT DE SAINT-QUENTIN.

Pour le canton de St-Quentin.

MM. LE JUGE DE PAIX, président.
BERNOVILLE, conseiller général, à St-Quentin.
LEROY-LECAISNE, conseiller d'arrondissement, à St-Quentin.
CARLIER, membre de la chambre d'agriculture, à Fieulaine.
DESJARDINS, notaire honoraire à St-Quentin.
CRÉTÉ, notaire à St-Quentin.
MENNECHET, ancien arpenteur à St-Quentin.

Pour le canton de Bohain.

MM. LE JUGE DE PAIX, président.
CH. PICARD, conseiller général, à St-Quentin.
TESTART, conseiller d'arrondissement, à Croix-Fonsommes.
TESTART, Allin, membre de la chambre consultative d'agriculture, à Croix-Fonsommes.
LEMAIRE, père, notaire honoraire à Bohain.

MM. Vatin, maire à Bohain.

Hazard, cultivateur et maire à Montbrehain.

Pour le canton du Câtelet.

MM. le Juge de Paix, président.

Georges, conseiller général, à Vendhuile.

Leduc, conseiller d'arrondissement, à Beaurevoir.

Pizieux, notaire au Câtelet.

Diart, agriculteur-arpenteur à Bellicourt.

Hannoteaux, notaire à Beaurevoir.

Pour le canton de Moy.

MM. le Juge de Paix, président.

Le baron Duchatelet, conseiller général, à Hinacourt.

Gomart, membre de la chambre d'agriculture, à St-Quentin

Carillon, ancien notaire, maire à Ly-Fontaine.

Bideaux, ancien notaire à Vendeuil.

Duplaquet, notaire à Moy.

Pour le canton de Ribemont.

MM. le Juge de Paix, président.

Q. Bauchart, conseiller d'Etat, conseiller général, à Paris.

Bauchart, membre de la chambre d'agriculture, à Origny-Ste-Benoîte.

Ségard, notaire honoraire.

Pruvost, notaire à Ribemont.

Poissonnier, notaire à Origny-Ste-Benoîte.

Pour le canton de St-Simon.

MM. le Juge de Paix, président.

Quéquignon, conseiller général, membre de la chambre d'agriculture, à Happencourt.

Thery, fabricant de sucre, conseiller d'arrondissement, à Seraucourt-le-Grand.

Hugues, notaire à St-Simon.

Lecointe, notaire à Flavy-le-Martel.

Delvigne-Bacquet, fabricant de sucre, cultivateur, à Dury.

Pour le canton de Vermand.

MM. LE JUGE DE PAIX, président.
GUILBERT, conseiller général, à Vermand.
MAUDUIT, conseiller d'arrondissement, à Marteville.
TURBEAUX-LEDUC, membre de la chambre d'agriculture, à Savy.
DAUTHUILE, notaire à Caulaincourt.
VINCHON, cultivateur à Fluquières.
COCHET, greffier de la justice de paix, à Caulaincourt.

DANS L'ARRONDISSEMENT DE VERVINS.

Pour le canton de Vervins.

MM. LE JUGE DE PAIX, président.
DUCHESNE, conseiller général, à Vervins.
SERGENT, conseiller d'arrondissement, à Plomion.
WATEAU, membre de la chambre d'agriculture, à Harcigny.
MICHEL, secrétaire du comice, ancien avoué à Vervins.
MALÉZIEUX, notaire à Vervins.
DUQUÉNOIS, notaire à Vervins.

Pour le canton d'Aubenton.

MM. LE JUGE DE PAIX, président.
BAUDELOT, conseiller général, à Vervins.
MODESSE-BERQUET, conseiller d'arrondissement et membre de la chambre d'agriculture, à Any-Martin-Rieux.
GOSSET, ancien notaire à Aubenton.
PHILIPPOT, maire de Besmont, agriculteur.
THOMAS, notaire à Aubenton.
HÉME, notaire à Landouzy la-Ville.

Pour le canton de La Capelle.

MM. LE JUGE DE PAIX, Président.
Comte CAFFARELLI, conseiller général, à Leschelles.
FOUCAMPREZ, conseiller d'arrondissement et membre de la chambre d'agriculture, à Clairfontaine.
LESUR, maire d'Englancourt, ancien agriculteur.
VANDELET, ancien notaire à Sommeron.

MM. Lamerez, maire de Sorbais, agriculteur.

Mambour, notaire à La Capelle.

Pour le canton de Guise.

MM. Le juge de paix, président.

Godelle, conseiller général, à Paris.

Parmentier, conseiller d'arrondissement, à Guise.

Viéville, maire d'Audigny, agriculteur.

Lefèvre père, agriculteur à Lesquielles St-Germain.

Flamant, notaire à Guise.

Gauchet, notaire à Guise.

Pour le canton d'Hirson.

MM. Le Juge de Paix, président.

Dubuquoy, conseiller d'arrondissement, membre de la chambre d'agriculture à Eparcy.

Defer, maire à La Hérie, agriculteur,

Dubuquoy, ancien notaire à Ohis.

Flamant, maire de Neuve-Maison, agriculteur.

Laporte, notaire à Origny-en-Thiérache.

Boquet, notaire à Hirson.

Pour le canton du Nouvion.

MM. Le Juge de Paix, président.

Caudron, conseiller général, au Nouvion.

Lenain-Proyart, conseiller d'arrondissement, au Nouvion.

Dehon, membre de la chambre d'agriculture, à Dorengt.

Moricourt, notaire à Esquehéries.

Casseleux, notaire au Nouvion.

Liénard, notaire au Nouvion.

Pour le canton de Sains.

MM. Le Juge de Paix, président, conseiller d'arrondissement.

Vicomte de Madrid, conseiller général et membre de la chambre d'agriculture, à Le Hérie-la-Viéville.

Godart, maire de Sains, ancien notaire.

Meunier, propriétaire, ancien agriculteur, à La Neuville-Houssct.

Hazard, notaire à Marfontaine.

Guyart-Latour, maire de Monceau-le-Neuf, agriculteur

Barbier, à Wiège-et-Faty, agriculteur.

Pour le canton de Wassigny.

MM. LE JUGE DE PAIX, président.

BESSON, conseiller général, maire à Guise.

VANDELET, conseiller d'arrondissement, à Mennevret.

EGRET, membre de la chambre d'agriculture, à Tupigny.

COMPÈRE, ancien notaire à Etreux.

CATTELAIN, notaire à Wassigny.

HAYE, agriculteur à Grougis.

DANS L'ARRONDISSEMENT DE SOISSONS

Pour le canton de Soissons.

MM. LE JUGE DE PAIX, président.

DEVIOLAINE, Paul, conseiller général, maire à Soissons.

RIGAUX, conseiller d'arrondissement, notaire à Soissons.

CARPENTIER, membre de la chambre consultative d'agriculture, à Leury.

TÉTART, avocat à Soissons.

DE LAPRAIRIE, président de la Société archéologique de Soissons.

LECERCLE, avoué à Soissons.

Pour le canton de Braine.

MM. LE JUGE DE PAIX, président.

DROUYN DE LHUYS, conseiller général, à Paris.

MASURE, conseiller d'arrondissement, à Braine.

LECAT, membre de la chambre d'agriculture, à Villers en-Prayères

DE LAURÈS, propriétaire et maire à Jouaignes.

LAINNÉ, propriétaire et ancien maire à Braine.

GOSSET, propriétaire et maire à Acy.

Pour le canton d'Oulchy.

MM. LE JUGE DE PAIX, président.

DE BLAVETTE, conseiller général, à Loupeigne.

THIERRY, conseiller d'arrondissement, à Chacrise.

LAPY, cultivateur, membre de la chambre d'agriculture, à Billy-sur-Ourcq.

DUFRESNE, cultivateur, maire de Grand-Rozoy.

MM. QUINQUET, maire d'Oulchy-le-Château.
DE VERTUS, cultivateur, maire de Launoy.

Pour le canton de Vailly.

MM. LE JUGE DE PAIX, président.
HOUSSART, conseiller général, à Vailly.
BINET, conseiller d'arrondissement, membre de la chambre
d'agriculture, à Vaudesson.
MÉNESSIER, notaire honoraire, maire de Vailly.
GILBERT, fils, cultivateur et maire à Chavignon.
HUBERT, notaire à Vailly.
FERTÉ, cultivateur et maire à Vregny.

Pour le canton de Vic-sur-Aisne.

MM. LE JUGE DE PAIX, président.
DE VALSERY, conseiller général, à Cœuvres.
TASSART père, conseiller d'arrondissement.
LEMAIRE, membre de la chambre d'agriculture, à Soissons.
VAUVILLÉ, notaire à Vailly.
DEMORY, cultivateur et maire à Mortefontaine.
DE RIVOCET, propriétaire et maire à Fontenoy.

Pour le canton de Villers-Cotterêts.

MM. LE JUGE DE PAIX, président.
DE VARLEMONT, conseiller général, à Oigny.
SENART, conseiller d'arrondissement, à Villers-Cotterêts.
HOCHEDEZ, membre de la chambre d'agriculture, cultivateur à
Haramont.
POTEL, cultivateur, maire de Longpont.
MARGE, notaire à Villers-Cotterêts.
TRONCHET, ancien maire et ancien juge de paix à Villers-Cotterêts.

DANS L'ARRONDISSEMENT DE CHATEAU-THIERRY.

Pour le canton de Château-Thierry.

MM. LE JUGE DE PAIX, président.
PILLE, membre du Conseil général, à Essômes.

MM. VALENTIN, membre du conseil d'arrondissement, à Château-
Thierry.
BIGORGNE, membre de la chambre consultative, à Marigny.
CARRÉ, cultivateur et maire à Epieds.
MAILLARD, notaire à Château-Thierry.
HEURTAUD, cultivateur et maire à Essômes.

Pour le canton de Charly.

MM. LE JUGE DE PAIX, président
Le comte DE NIEUWERKERKE, conseiller général, à Paris.
BEAUPÈRE, conseiller d'arrondissement, à Vieils-Maisons.
VIGNON, notaire à Charly.
FAULAND, cultivateur à Charly.
LÉGUILLETTE, cultivateur et maire à Pavant.

Pour le canton de Condé.

MM. LE JUGE DE PAIX, président.
DE BONNEFOY-DES-AULNAIS, conseiller général, à Paris.
MOREAU, conseiller d'arrondissement, à Monthurel.
BARTHÉLEMY, notaire à Tréloup.
NICAISE, propriétaire et maire à Jaulgonne.
MOREAU, cultivateur à Monthurel.

Pour le canton de Fère-en-Tardenois.

MM. LE JUGE DE PAIX, président.
GEOFFROY DE VILLENEUVE, conseiller général, à Chéry-Chartreuve.
BARON, conseiller d'arrondissement, à Dravegny.
GIBOUT, notaire à Coulonges.
Le vicomte DE ROUGÉ, membre de la chambre d'agriculture, au
Charmel.
DE VERTUS, propriétaire et maire à Brecy.
EVELOY, propriétaire et maire à Fresnes.

Pour le canton de Neuilly-St-Front.

MM. LE JUGE DE PAIX, président
MILET, conseiller général, notaire et maire à La Ferté-Milon.
DUCHASTEL, conseiller d'arrondissement, à Montron.
HUTIN, membre de la chambre d'agriculture, à Montron.

MM. GODARD, notaire à Gandelu.

FRANÇOIS, cultivateur à Chézy-en-Orxois.

HUTIN, propriétaire-cultivateur à Chouy.

Art. 3. — Le travail de chaque commission nous sera transmis en double expédition aussitôt après son achèvement.

Art. 4. — Avis des désignations qui précèdent sera donné par nous aux personnes qu'elles concernent.

Art. 5. — Expédition du présent arrêté sera adressée à MM. les Sous-Préfets.

Laon, le 8 juillet 1861.

CASTAING.

Laon, le 28 juillet 1861.

MONSIEUR LE JUGE DE PAIX,

Son Exc. M. le Ministre de l'Agriculture et des Travaux publics poursuit avec énergie la réalisation d'une idée déjà ancienne et qui a pour but de recueillir les usages locaux qui pourraient exister dans le département.

Il m'invite à prendre toutes les dispositions nécessaires pour faire constater dans ma circonscription administrative toutes les coutumes de cette espèce, c'est-à-dire celles qui ne sont pas le résultat évident et direct d'un article de loi, et auxquelles les applications qui en sont faites dans quelques localités ou dans la plupart d'entre elles donnent un véritable caractère de généralité.

Il a été répondu par mes prédécesseurs que cette enquête produirait un effet négatif, par suite, affirmaient-ils, de l'absence de toute espèce d'usages locaux dans ce département où les règles du droit commun établies par le Code Napoléon sont universellement suivies.

Mais Son Excellence a fait observer que les motifs de cette

réponse justifiaient eux-mêmes l'existence des usages locaux, puisque dans les articles 590, 593, 644, 645, 663, 671, 674, 1736, 1738, 1753, 1754, 1755, 1759 et 1777, le législateur n'établit aucune règle fixe, et qu'il s'en remet complètement à l'usage des lieux. Il en est de même de certaines dispositions de la loi du 28 septembre, 6 octobre 1791 et de celle du 14 floréal an XI.

Il est donc utile de se livrer à un travail d'ensemble pour recueillir tous les renseignements propres à mettre en lumière cette question importante, et qui peuvent donner au Gouvernement des indications précieuses sur les besoins de l'industrie agricole.

Dans ce but, et conformément aux instructions ministérielles, je viens, par arrêté de ce jour, d'organiser dans votre canton une commission spéciale dont la présidence vous est dévolue, et qui est composée du conseiller général, d'un conseiller d'arrondissement, du membre de la chambre d'agriculture et de quelques autres membres choisis parmi les officiers ministériels et les cultivateurs de cette circonscription.

Cette commission fera son travail dans le plus bref délai possible, ce qui lui sera facile, puisqu'elle réunira à la connaissance des principes du droit celle des habitudes locales, et ce travail me sera ensuite transmis pour être soumis à une commission centrale qui se réunira à la Préfecture.

Je compte, Monsieur le Juge de Paix, sur votre active coopération en cette circonstance, et je vous remercie, dès ce moment, du zèle que vous apporterez, j'en suis convaincu, dans l'accomplissement de la tâche qui vous est confiée.

J'ai donné à MM. vos collaborateurs avis de leur nomination ; mais je vous ai réservé le soin de leur indiquer le jour que vous jugerez convenable pour l'installation de la commission, comme pour toutes les réunions qui devront suivre cette opération préliminaire.

Recevez, Monsieur le Juge de Paix, l'assurance de ma considération la plus distinguée.

Le Préfet. G. CASTAING.

2

Du 15 avril 1862.

Nous, Préfet de l'Aisne, Officier de la Légion d'Honneur,

Vu la circulaire de S. Exc. M. le Ministre de l'Agriculture, du Commerce et des Travaux publics, en date du 15 février 1855, prescrivant de constater et de recueillir dans les départements tous les usages locaux qui ne sont pas le résultat évident et direct d'un article de loi, et auxquelles les applications qui en sont faites, dans quelques localités ou dans la plupart d'entre elles, donnent un véritable caractère de généralité ;

Vu l'arrêté préfectoral du 28 juillet 1861, portant nomination des commissions cantonales chargées, sous la présidence de MM. les Juges de Paix, de recueillir et de constater ces usages locaux ;

Vu les procès-verbaux des opérations de ces commissions ;

Considérant que pour satisfaire complètement aux prescriptions de la circulaire ministérielle sus-énoncée, il y a lieu d'instituer une commission centrale chargée de vérifier le travail des commissions cantonales,

Arrêtons :

Art. 1er. — Il est institué près la Préfecture de l'Aisne une commission centrale chargée de vérifier le travail des commissions cantonales qui ont recueilli et constaté les usages locaux ayant, dans le département, un caractère de généralité.

Art. 2. — Sont nommés membres de cette commission dont nous nous réservons la présidence, savoir :

MM. Pourrier, secrétaire général.
    Breuil, président du tribunal civil de Laon.
    De Romance, juge.

MM. Berthault, juge suppléant.

Cadot, juge suppléant.

Vinchon, juge de paix.

Salmon,
Langlois,
Leroux,
Brassart, } avocats.

Foulon, avoué.

Rouillier, avoué.

Fleury, rédacteur du *Journal de l'Aisne*.

Matton, archiviste.

Fait à Laon, le 15 avril 1862.

G. CASTAING.

III.

RAPPORT DU PRÉFET

AU CONSEIL GÉNÉRAL DE L'AISNE,

*Et délibération de ce Conseil portant vote d'un crédit
pour la publication d'un Recueil des usages locaux
dans ce département.*

MESSIEURS,

Plusieurs Conseils généraux ont, depuis longtemps, même
avant 1844, exprimé le vœu que l'on s'occupât de constater
et de recueillir, dans l'intérêt des services de l'administration
et des tribunaux, les usages locaux auxquels se réfèrent
diverses dispositions législatives.

Plusieurs circulaires ministérielles, entre autres celles des
26 juillet 1844 et 15 février 1855, ont été adressées aux
Préfets pour l'accomplissement de ce vœu.

Mes prédécesseurs ont répondu qu'une enquête sur les
usages locaux du département de l'Aisne produirait un effet
négatif, par suite, affirmaient-ils, de l'absence de toute espèce
d'usages dans ce département où les règles du droit commun,
établies par le Code Napoléon, sont universellement suivies.

Mais Son Excellence M. le Ministre de l'Agriculture a fait
observer que les motifs de cette réponse justifiaient eux-
mêmes l'existence des usages locaux, puisque dans les art.
590, 593, 644, 645, 663, 671, 674, 1736, 1738, 1753, 1754,
1755, 1759 et 1777, le législateur n'établit aucune règle fixe
et qu'il s'en remet complètement à l'usage des lieux.

Il était donc utile de prescrire un travail d'ensemble pour
recueillir tous les renseignements propres à mettre en lumière

cette question importante, et à donner au Gouvernement des indications précises sur les besoins de l'industrie agricole, et il y avait urgence à hâter l'exécution de ce travail, surtout en vue de faciliter l'étude commencée d'un nouveau Code rural.

Dans ce but, et conformément aux instructions ministérielles, j'ai organisé le 28 juillet 1861, dans chacun des 37 cantons du département de l'Aisne, une Commission spéciale présidée par le Juge de Paix, composée : d'un Conseiller général, d'un Conseiller d'arrondissement, d'un membre de la Chambre consultative d'Agriculture, et de plusieurs autres personnes choisies parmi les officiers ministériels et les cultivateurs les plus instruits du canton.

Ces Commissions offraient toutes les garanties désirables à la bonne et sérieuse exécution du travail qui leur était confié, puisqu'elles réunissaient à la connaissance des principes du droit celle des habitudes locales.

Aussi ai-je à me louer du concours précieux que j'en ai reçu. Grâce aux lumières et au zèle de leurs membres, j'ai pu obtenir en quelques mois des documents aussi complets qu'intéressants.

Ces documents, une fois centralisés à ma Préfecture, ont été soumis à la vérification d'une Commission départementale nommée par un arrêté préfectoral du 15 avril 1862 que vous trouverez ci-inclus.

Cette assemblée, dont la composition donnait de nouvelles et hautes garanties pour le complet achèvement de l'œuvre, a répondu à mon attente et par l'empressement qu'elle a mis à s'acquitter de la mission que je lui avais confiée, et par les soins éclairés qui ont présidé à ses travaux.

J'ai l'espoir, Messieurs, que l'importance des matières recueillies par les Commissions cantonales, et l'excellente méthode adoptée par la Commission centrale pour leur classification, vous convaincront qu'on ne pouvait mieux faire et que le Recueil qui vous est soumis répond tout à la fois aux besoins du pays et à la pensée qui en a provoqué la rédaction.

J'ai cru qu'il serait utile de faire imprimer et répandre cet ouvrage dans le département, et, à cet effet, je vous propose l'inscription d'un crédit de 500 francs au sous-chapitre XX du budget de 1863.

Veuillez, je vous prie, Messieurs, si vous donnez votre approbation à cette mesure, me faire connaître l'étendue de la publicité que vous désireriez voir donner au Recueil dont il s'agit et m'allouer un crédit en conséquence.

Laon, le 25 août 1862.

Signé : G. CASTAING.

M. DE VALSERY, au nom de la Commission d'utilité publique, fait le rapport suivant : (*Séance du 30 août 1862*)

« MESSIEURS,

» Sur la demande de M. le Ministre de l'Agriculture, M. le
» Préfet a chargé des Commissions spéciales de rechercher et
» de constater dans chaque canton les usages locaux qui, en
» vertu des prescriptions de plusieurs articles du Code Napo-
» léon, font encore loi dans beaucoup de discussions admi-
» nistratives et judiciaires.

» Ces Commissions ont fait le travail, et ont adressé les
» résultats à la Commission centrale, et grâce aux soins actifs
» et éclairés de M. Édouard Fleury, l'un des membres de cette
» Commission, le Recueil des usages locaux est aujourd'hui
» prêt à être livré à la publicité.

» Vous savez, Messieurs, que les progrès heureux et féconds
» que fait la science de la culture rendent indispensables des
» modifications dans la législation rurale et qu'un nouveau
» Code se prépare dans cette pensée.

» Les personnes appelées à s'occuper de cette question,
» comme celles qui demandent ou qui font l'application des
» lois rurales, trouveront, dans le Recueil des usages, des ren-
» seignements certains et d'utiles lumières.

» Il serait donc bon de faire imprimer et répandre l'ouvrage
» aussi promptement que possible. Dans ce but, M. le Préfet

» vous demande un crédit de 500 fr., et votre Commission
» n'hésite pas à vous proposer cette allocation qui serait
» inscrite au sous-chapitre XX, 2ᵉ section. »

Sur la demande de M. le Président, M. le Préfet rend compte
de la manière dont ce travail a été exécuté. Il est convaincu
que le Recueil de ces usages rendra dans la pratique journa-
lière de très-grands services. Les juges, les notaires étrangers
aux localités ou ils exercent leurs fonctions, y trouveront des
indications indispensables. M. le Préfet se félicite hautement
du concours aussi empressé qu'éclairé qu'ont apporté dans
l'étude de cette question les Commissions cantonales et la
Commission centrale qui a colligé et résumé tous les travaux.

Le Conseil adopte les conclusions de la Commission et vote
le crédit demandé de 500 fr.

Pour extrait conforme :

Le Conseiller de Préfecture, Secrétaire général.

J. POURRIER.

IV.

PROCÈS-VERBAL

De la Commission centrale chargée de la vérification et du classement des USAGES LOCAUX *recueillis dans le département de l'Aisne par les Commissions cantonales.*

Cejourd'hui 31 janvier 1863, une heure de l'après-midi, en l'une des salles de la Préfecture de l'Aisne.

Par arrêté en date du 15 avril 1862, M. le Préfet de l'Aisne a nommé une Commission centrale pour la vérification et le classement des renseignements que les Commissions cantonales ont recueillis sur les usages locaux du département.

Cette Commission, composée de :

MM. CASTAING, préfet de l'Aisne et président de la Commission,

> BREUIL, président du tribunal de 1re instance de l'arrondissement de Laon,
>
> CADOT, juge suppéant,
>
> LANGLOIS, avocat,
>
> SALMON, id.
>
> LEROUX, id.
>
> BRASSART, id.
>
> VINCHON, juge de paix du canton de Laon,
>
> DE ROMANCE, juge,
>
> FOULON, avoué,
>
> ROUILLIER, avoué,

MM. Ed. FLEURY, rédacteur du *Journal de l'Aisne*,

    MATTON, archiviste,

      et BERTHAULT, juge suppléant,

s'est réunie pour la première fois le 27 avril 1862.

M. le Préfet a donné lecture de diverses circulaires ministérielles indiquant la marche à suivre pour recueillir les divers usages locaux des départements de la France.

Il a expliqué que, pour les 37 cantons du département, il a composé autant de commissions qui ont constaté les usages locaux qui y sont en vigueur.

Il a déposé ces procès-verbaux sur le bureau, et a engagé la Commission centrale à s'organiser, en nommant un secrétaire et un vice-président.

Il a été procédé à un scrutin pour la nomination du secrétaire.

M. Berthault a obtenu la majorité des suffrages et a, en conséquence, été nommé secrétaire, fonction qu'il a acceptée.

Sans scrutin et à l'unanimité des voix, moins la sienne, M. Breuil a été nommé vice-président et a accepté ces fonctions.

La Commission centrale ainsi constituée a pris connaissance de quelques-uns des procès-verbaux des Commissions cantonales.

Plusieurs observations ont été faites par quelques membres sur le mode à employer pour la vérification et le classement des renseignements contenus dans ces procès-verbaux.

Puis la Commission a décidé la formation d'une sous-commission qui serait chargée de ce travail.

Elle a été composée de MM. Cadot, Brassart, Ed. Fleury, Rouillier et Berthault.

A la séance postérieure du 17 juillet 1862, cette sous-commission a produit le travail de dépouillement qu'elle avait exécuté par arrondissement.

Ces cinq relevés ont été examinés par la Commission centrale qui a nommé une nouvelle sous-commission composée de MM. Vinchon, Leroux et Ed. Fleury, à l'effet de fondre le tout en un seul corps.

A la séance de ce jour et après avoir fait observer qu'ils avaient apporté quelques modifications aux travaux exécutés par la première sous-commission, ces Messieurs ont déposé le Recueil qui suit où se trouvent résumés tous les Usages en vigueur dans le département de l'Aisne.

RECUEIL

DES

USAGES LOCAUX

DANS

LE DÉPARTEMENT DE L'AISNE.

PREMIÈRE PARTIE.

————•‹•›•————

.

USUFRUIT. — COUPES DE BOIS.

(Art. 590 et 593 du Code Napoléon.)

————

§ Ier. — BOIS TAILLIS.

(Art. 590, § Ier. — Si l'usufruit comprend des bois taillis, l'usufruitier est tenu d'observer l'ordre et la quantité des coupes, conformément à l'aménagement ou à *l'usage constant des propriétaires.*)

1° Arrondissement de Laon.

Cantons de Laon, Anizy, Crécy, Chauny, Marie et Neufchâtel. — Pas d'usage. Chaque propriétaire aménage et exploite suivant le mode le plus avantageux, et selon l'essence et la venue des bois, le nombre des arbres ou plants.

Sissonne. — Les arbres essence de bois blanc se tondent tous les 4 ans.

Coucy. — Les bois blancs se tondent tous les 4 ou 5 ans.

Rozoy. — Coupe de bois tendre de 9 à 12 ans, de bois dur de 12 à 20 ans, selon la nature du sol.

La Fère. — Coupe de bois blanc à 6 ans, de bois dur et de moyenne futaie à 12 ans, et les hautes futaies à 20 ans.

Craonne. — Coupe de bois taillis à 10 ans.

2° Arrondissement de Château-Thierry.

Château-Thierry. — Il n'y a rien de régulier dans ce

canton pour l'exploitation des bois, les dispositions du Code forestier servant de bases pour les cas particuliers. — Pour les bois blancs taillis plantés, premier récépage à 3 ans, deuxième à 6 ans, et aménagement à 9 ans.

Charly. — Bois loués à 9 ans. Bois non loués, essences dures de 16 à 20 ans. Bois blancs à 9 ans. Pas de hautes futaies dans le canton.

Condé. — Bois taillis coupés tous les 20 ans et plants à 12 ans. — En réserve par hectare, 60 baliveaux, 16 modernes et 8 anciens.

Fère-en-Tardenois. — Ni usages, ni règlements anciens.

Neuilly-St-Front. — Bois blancs de 8 à 10 ans, et durs de 15 à 20 ans. — On est dans l'habitude d'effectuer les coupes en suivant et sans interruption.

3° Arrondissement de Saint-Quentin.

St-Quentin. — Coupes entre 10 et 15 ans, suivant essences.

Bohain. — Coupes réglées à 15 ans, afin d'obtenir des perches à houblon.

Le Câtelet. — Coupes tous les 9 ans, du 11 novembre au 1er mai.

Moy. — Bois tendre, entre 9 et 12 ans ; dur, de 15 à 18 ans.

Ribemont. — Bois tendre, tous les 5 ans ; dur, tous les 12 ans.

4° Arrondissement de Soissons.

Soissons. — Le taillis se coupe en général tous les 9 ans, à l'exception des taillis essence de chêne, charme, orme, qui se coupent de 15 à 20 ans.

Villers-Cotterêts. — Coupe de taillis tous les 10 ou 12 ans, sans distinction des essences, sauf de très-rares exceptions.

Oulchy. — Bois blancs et tendres, de 6 à 10 ans ; durs, de 18 à 22 ans. — Les réserves sont d'ordinaire, par hectare, de 8 anciens, 16 modernes et 50 baliveaux.

Braine. — Les taillis se coupent à 10 ans et les aulnaies à 6 ans.

Vailly. — Pas d'usage apparent.

5° Arrondissement de Vervins.

Vervins, Aubenton, Hirson et Sains. — Pas d'usage constaté.

La Capelle. — Les bois des particuliers sont aménagés de 20 à 25 ans.

Guise. — Les taillis se coupent généralement à 12, 15 et 18 ans.

Le Nouvion. — Chaque propriétaire de bois a son aménagement particulier.

Wassigny. — Les coupes de bois se font généralement tous les 12 ans, et quand ils ont de grandes étendues, de 15 à 18 ans.

§ II. — PÉPINIÈRES.

(Art. 590, § 2). — Les arbres que l'on peut tirer d'une pépinière sans la dégrader ne font aussi partie de l'usufruit qu'à la charge par l'usufruitier de se conformer *aux usages des lieux* pour les remplacer.

1° Arrondissement de Laon.

Craonne. — L'usufruitier d'une pépinière emploie les arbres et les remplace de manière à pouvoir en extraire chaque année à peu près la même quantité et à la rendre à la fin de l'usufruit dans l'état où il l'a prise.

2° Arrondissement de Château-Thierry.

Condé. — Les arbres que l'on peut tirer d'une pépinière sans la dégrader ne font partie de l'usufruit qu'à la charge par l'usufruitier de les remplacer immédiatement par la même quantité de jeunes élèves.

Neuilly-St-Front. — Les pépinières, qui ne sont qu'en petit nombre, se renouvellent d'ordinaire de 5 à 6 ans. — Le remplacement des pépinières se fait aussitôt l'enlèvement des arbres. On ne s'attache pas à l'opérer sur le même point ; mais il se fait sur le même corps de pièce plantée.

§ III. — ÉLAGAGE.

(Art. 593). — L'usufruitier peut prendre sur les arbres des produits annuels ou périodiques, suivant *l'usage du pays ou la coutume des propriétaires.*

1° *Arrondissement de Laon.*

Craonne. — L'usufruitier peut prendre sur les arbres des produits annuels, tels que glands, faines et autres fruits quelconques ou périodiques, tels que les produits de l'élagage de certains arbres. — L'usage du canton est d'élaguer tous les 5 ans les bois tendres, tels que peupliers, saules et aunes, et deux espèces de bois durs, les ormes et les frênes longeant les chemins publics. — Les peupliers et les saules peuvent être coupés par la tête, si toutefois ils ne l'étaient avant l'ouverture de l'usufruit. Quant aux autres arbres, ils ne doivent être élagués que jusqu'aux trois quarts de leur hauteur.

La Fère. — Elagage des peupliers et saules tous les 6 ans, et plants d'oseraie coupés chaque année.

Rozoy. — Les saules et peupliers se tondent tous les 3 ans. Les peupliers se tondent aux deux tiers de la hauteur.

2° *Arrondissement de Château-Thierry.*

Château-Thierry. — L'usage pour les boutures des branches est de les couper à 4 ans pour les arbres blancs, et à 6 ans pour les essences dures.

Neuilly. — Les saules sont élagués à 3 ans, les autres arbres à 6. La hauteur de l'élagage monte ordinairement aux deux tiers au-dessus du sol.

3° *Arrondissement de Saint-Quentin.*

Partout l'usufruitier a droit d'élagage sur les arbres à

haute tige, sur les terres arables, enclos, prés et marais. — Ces élagages se font partout de 5 à 6 ans et jusqu'aux deux tiers de l'arbre.

Moy et Ribemont. — Il y a dans ces cantons beaucoup de peupliers dont l'élagage se fait par 4 ans.

St-Simon. — L'usage est d'attendre que les branches aient acquis la grosseur du bois à fagotter.

(L'usage est d'élaguer les haies tous les ans. Cependant, dans le canton de Moy, on laisse les haies monter pendant 4 ans, afin d'obtenir des rames pour les pois et haricots.)

4° Arrondissement de Soissons.

Vailly. — L'usufruitier ne profite que de l'élagage des peupliers et saules qui a lieu *au plus* tous les 4 ou 5 ans. — On coupe en tête les saules et les peupliers de pays. Quant aux autres peupliers, on leur laisse au moins cinq couronnes.

Dans tous les autres cantons, l'usage est d'élaguer à peu près tous les 5 ans au profit de l'usufruitier ou du fermier.

5° Arrondissement de Vervins.

La Capelle. — L'élagage et l'émondage se font tous les 5 ou 7 ans, du 1er octobre au 1er avril. Les haies sont élaguées latéralement tous les 3 ans, et la bouture a lieu tous les 5 ou 7 ans comme pour les arbres. — L'usufruitier a droit de prendre sur les arbres, outre les fruits de toute nature, le bois mort et le produit de l'élagage et de l'émondage; il a droit aussi à l'émondage des haies et à la bouture de tous les arbres que le propriétaire avait coutume de couper à la tête. Dans les bois et forêts, il n'a droit qu'à l'élagage.

Guise. — Les arbres sont élagués tous les 3 ans.

Le Nouvion. — L'usufruitier a droit à l'émondage des peupliers tous les 3 ans, et à celui des arbres de futaie qui se trouvent dans les haies; ceux-là se bottent tous les 6 ans.

Wassigny. — L'ébranchage des arbres a lieu tous les 3 ans.

3

§ IV. — ÉCHALAS.

(Art. 593. — L'usufruitier peut prendre dans les bois
des échalas pour les vignes.)

1° Arrondissement de Laon.

Craonne. — Si les vignes faisant partie de l'usufruit sont
garnies d'échalas de quartier, c'est-à-dire d'échalas provenant de hautes futaies, l'usufruitier peut prendre les
échalas de même espèce dans les bois.

2° Arrondissement de Château-Thierry.

Neuilly-St-Front. — On prend des échalas dans les taillis
qui se coupent de 8 à 12 ans pour les bois tendres, de 15 à
20 ans pour les bois durs.

§ V. — BOIS MORT.

1° Arrondissement de Saint-Quentin.

Partout les usufruitiers ont droit aux branches mortes.
Quant aux arbres morts ou brisés, ils doivent les remplacer
en nombre égal à ceux enlevés.

2° Arrondissement de Château-Thierry.

Condé. — L'usage est d'abandonner le bois mort aux indigents.

3° Arrondissement de Soissons.

Abandon de bois mort aux indigents. Ce bois ne peut être
ramassé qu'à certaines heures.

DEUXIÈME PARTIE.

——✕✕✕——

SERVITUDES.

———

CHAPITRE Ier.

EAUX COURANTES.

(Art 644. — Celui dont la propriété borde une eau courante autre que celle déclarée dépendance du domaine public par l'article 538, peut s'en servir à son passage pour l'irrigation de sa propriété. Celui dont cette eau traverse l'héritage peut même en user dans l'intervalle qu'elle y parcourt, mais à la charge de la rendre à la sortie de son fonds à son cours ordinaire.

Art. 645. — S'il s'élève une contestation entre les propriétaires auxquels ces eaux peuvent être utiles, les tribunaux, en prononçant, doivent concilier l'intérêt de l'agriculture avec le respect dû à la propriété, et, dans tous les cas, *les règlements particuliers et usages locaux* sur le cours et l'usage des eaux doivent être observés.

1° Arrondissement de Laon.

Il n'existe pas d'usage local applicable à la jouissance des eaux courantes. En cas de contestation, une expertise est ordonnée pour concilier et déterminer les droits de chacun.

2° Arrondissement de Château-Thierry.

On n'y connaît pas d'usage.

Charly. — On use dans les campagnes du droit conféré par l'art. 644, lorsque les eaux bordent des terrains en jardinage. Hors ce cas, on voit peu d'exemples de prise d'eau (1).

3° Arrondissement de Saint-Quentin.

Le Câtelet. — Les riverains des cours d'eau non flottables ou navigables, retiennent ces eaux, les épuisent, les salissent sans compte aucun. Certains riverains usent même du *colmatage*, c'est-à-dire qu'ils amènent sur des terrains bas les eaux troubles dont le limon exhausse le niveau des terres ainsi rendues à la culture.

Moy. — Quelques riverains de l'Oise utilisent ces eaux pour l'irrigation de leurs prés. Cette irrigation se fait sur une petite étendue et toujours de façon à ne pas nuire aux usines situées plus bas.

Ribemont. — Quelques rares riverains de l'Oise y font, l'hiver, de petites saignées, afin de couvrir d'eau leurs prairies et y amener le limon charrié par la rivière.

4° Arrondissement de Soissons.

Aucune espèce d'usage particulier n'est signalé dans cet arrondissement.

5° Arrondissement de Vervins.

Les Commissions cantonales ne signalent aucun usage.

(1) La Commission cantonale de Charly a dit au sujet de l'article 644 : « Il » y a une question bien importante à examiner : Lorsque les eaux d'un bief » servent à une usine, les propriétaires riverains peuvent-ils se servir de » l'eau pour l'irrigation de leurs propriétés? Elle ne le pense pas ; mais elle » croit qu'il serait peut-être injuste de les priver du droit de puisage qui » n'est jamais que momentané. »

CHAPITRE II.

CLOTURES.

§ 1er. — MURS.

(Art. 663. — Chacun peut contraindre son voisin, dans les villes et faubourgs, à contribuer aux constructions et réparations de la clôture faisant séparation de leurs maisons, cours et jardins assis èsdits villes et faubourgs. La hauteur de la clôture sera fixée *suivant les règlements particuliers ou les usages constants ou reconnus.*

1° Arrondissement de Laon.

Les dispositions de cet article sont appliquées dans tout l'arrondisssement, à l'exception de la ville de Chauny où l'on admet le tempérament suivant :

Chauny. — Le voisin doit appeler le voisin à venir prendre part à l'édification du mur de séparation ; mais il ne peut l'y contraindre. L'édification de ce mur n'est cependant pas arrêtée par ce refus de contribution ; le voisin persistant dans son idée de se clore, construit le mur de séparation à ses frais et l'élève moitié sur son terrain, moitié sur le terrain du voisin. De cette façon, le voisin récalcitrant n'est pas entraîné dans des dépenses qui peuvent le gêner et, lorsqu'il veut rendre le mur mitoyen, il n'a qu'à tenir compte des dépenses faites.

Craonne. — Quoiqu'il n'y ait pas de ville dans ce canton, partout où il y a des clôtures communes, chaque voisin est tenu de réparer ces clôtures suivant leur ancienne hauteur, conformément à la Coutume de Paris qui faisait loi dans les contrées soumises à la Coutume du Vermandois, lorsque cette coutume était muette.

2° Arrondissement de Château-Thierry.

Condé. — Les murs de clôture urbaine doivent avoir 26 décimètres, chaperon compris.

Neuilly-St-Front. — Les murs de clôture sont de hauteurs différentes, et, dans les campagnes surtout, chacun les élève à son gré ; mais lorsque dans la ville il se produit une difficulté, la loi est appliquée.

8° Arrondissement de Saint-Quentin.

St-Quentin, ville. — L'obligation de se clore se règle encore, dans la ville de St-Quentin, par l'art. 270 de la Coutume du Vermandois qui exige un minimum de 9 pieds de roi, ou 3 mètres.

Ribemont, ville. — La ville de Ribemont a adopté le minimum de 8 pieds.

St-Quentin, faubourgs. — Dans les faubourgs de Saint-Quentin, par un souvenir de l'ancienne Coutume du Vermandois, la pratique constante est que l'on s'exonère de l'obligation de contribuer aux frais de clôture en abandonnant à celui qui veut se clore la moitié du terrain sur lequel le mur doit être édifié, terrain qui devient la propriété exclusive de celui qui a fait édifier le mur. — L'usage veut que le mur mitoyen ait 35 centimètres d'épaisseur ; qu'on ne puisse mettre son voisin à découvert du 15 septembre au 15 mars, lorsqu'il s'agit de murs séparant des bâtiments ; enfin qu'on évalue le droit de surcharge à 1/6 de la valeur de la partie surélevée.

Bohain, ville. — La fermeture entre maisons, cours et jardins, se fait à frais communs à la hauteur seulement de 2 mètres, et, comme à Saint-Quentin, on peut s'affranchir de l'obligation de construire à frais communs en abandonnant la moitié du terrain sur lequel le mur est construit.

Le Câtelet. — Les murs sont édifiés sur la limite ; mais si le mur a un toit, il doit être placé de telle sorte que l'égout des toits ne tombe pas sur la propriété voisine, sans que l'usage indique de distance à cet égard.

St-Simon. — On ne s'astreint nulle part à des hauteurs ou épaisseurs déterminées. Les murs mitoyens s'élèvent sans distance fixe, ce qui n'empêche pas qu'ils deviennent mitoyens à charge d'indemnité, conformément à l'art. 661.

4° Arrondissement de Soissons.

Dans cet arrondissement, c'est la loi qui est la règle commune. Elle n'a fait que confirmer l'ancienne coutume.

5° Arrondissement de Vervins.

Aubenton. — L'usage, conforme à la Coutume du Vermandois, veut que les murs de clôture aient 3 mètres de hauteur.

La Capelle. — La hauteur des murs de clôture est de 2 mètres à 2 mètres 66 centimètres.

§ II. — HAIES ET HORLES.

1° Arrondissement de Laon.

Laon. — Les haies servant de clôture doivent avoir 1m 33 de hauteur. — Lorsque deux héritages sont séparés par un horle ou rideau, il est présumé appartenir en entier au fonds supérieur.

Chauny. — Les haies doivent avoir 1 m. 33 de hauteur, en outre 50 centimètres de largeur. Elles doivent être élaguées deux fois par an, fin mai et fin septembre, et repiquées tous les trois ans.

Crécy. — Le horle ou rideau est présumé dépendre pour deux tiers de la propriété supérieure, et pour un tiers de la propriété inférieure.

2° Arrondissement de Château-Thierry.

Condé. — Les haies doivent être élaguées chaque printemps à 1 mètre de hauteur. Cette élévation s'accroît de la végétation annuelle.

3° Arrondissement de Saint-Quentin.

Dans les sept cantons, l'usage général est d'adopter pour haies de jardins et d'héritage la hauteur de 1 m. 50 c., excepté dans certaines localités où l'on exploite les haies vives comme *forières* fournissant des rames. — Partout, les haies de jardins s'élaguent tous les ans avant le renouvellement de la sève.

Bohain. — Les haies montantes sont exploitées tous les trois ans, ou toutes les fois que les branches pendent sur le voisin.

Moy. — Les haies vives sont généralement mitoyennes. Dans ce cas, le fruit de l'élagage appartient à chaque propriétaire qui taille sa partie.

Ribemont. — Quand les haies sont faites de sureaux, on les coupe deux fois par an, à la St-Jean d'été et en hiver. — Les haies montantes sont exploitées tous les quatre ans.

4° Arrondissement de Soissons.

On n'y signale aucun usage prédominant.

5° Arrondissement de Vervins.

La Capelle. — La hauteur des haies est généralement fixée à 2 mètres, à l'exception des communes d'Erloy, Englancourt et Chigny, où la hauteur de la clôture est fixée à 1 m. 66. Les haies de jardin se coupent à 1 m. 50.

CHAPITRE III.

DISTANCE DES PLANTATIONS.

(Art. 671. — Il n'est permis de planter des arbres à haute tige qu'à la distance prescrite *par les règlements particuliers actuellement existants, ou par les usages constants et reconnus,* et, à défaut de règlements ou d'usages, qu'à la distance de deux mètres de la ligne séparative de deux héritages pour les arbres à haute tige, et à la distance d'un demi-mètre pour les autres arbres et les haies.)

§ Ier. — **ARBRES A HAUTE TIGE.**

1° Arrondissement de Laon

On observe dans cet arrondissement les distances fixées

par l'article précité. Toutefois, dans la ville de Laon, l'usage est de n'assujétir à aucune condition de distance les arbres qui se plantent dans les jardins d'agrément situés dans l'intérieur de la ville. Dans le canton de Rozoy-sur-Serre, on plantait les arbres à haute tige sans observer de distance ; mais c'était le résultat d'une extrême tolérance. (1)

Crécy. — On plante souvent les espaliers près d'un mur non mitoyen sans observer les distances, en soutenant ces espaliers par un treillage ou des piquets plantés à moins de 15 centimètres du mur. (2)

2° Arrondissement de Château-Thierry.

Canton de Château-Thierry. — A l'égard de la plantation de la vigne, les ceps se croisent quelquefois. Lorsque deux vignes sont limitrophes, les propriétaires contigus font un fossé de communauté dans lequel chacun d'eux plante sa vigne de son côté.

3° Arrondissement de Saint-Quentin.

Saint-Simon. — L'usage donne droit aux fruits des arbres dont les branches s'étendent sur la propriété du voisin, sans préjudice au droit qu'a celui-ci de faire couper les branches jusqu'aux limites de sa propriété. (3)

4° Arrondissement de Soissons.

Braine. — On considère les bois taillis comme arbres à basse tige, et on les plante à 50 centimètres.

Oulchy. — Les arbres à basse tige, tous ceux mis en que-

(1) Dans le canton de Craonne, il existait autrefois un usage appelé droit de *pendant*. Ce droit consistait à partager par moitié, entre le propriétaire de l'arbre et le voisin, les fruits des branches pendantes sur le voisin. Le Code Napoléon a fait disparaître cet usage.

(2) **La Fère.** — Il est d'usage d'abandonner au voisin les fruits qui tombent naturellement des arbres fruitiers dont les branches se projettent sur les fonds. Il est bon de constater toutefois que cet usage ne peut avoir force de loi.

(3) Il est passé en usage que les voisins ont droit aux fruits appelés récoltes des pendants.

nouille, les buissons, charmilles, espaliers, ne sont jamais plantés à moins de 1 mètre de la ligne de séparation.

Vic-sur-Aisne. — Les vignes se plantent à 18 centimètres de la ligne de séparation.

5° Arrondissement de Vervins.

La Capelle. — L'usage est de planter les oseraies jusqu'à la limite extrême des héritages ; mais cet usage tend à disparaître. On tolère aussi l'existence d'arbres fruitiers dans les haies séparatives

§ II. — HAIES.

1° Arrondissement de Laon.

Laon. — La distance pour la plantation des haies vives est de 50 centimètres (1).

2° Arrondissement de Saint-Quentin.

Les dispositions du Code sur la distance des plantations ont à peu près prévalu dans tout l'arrondissement. On plante aujourd'hui à 50 centimètres les haies vives qu'on ne pouvait jadis placer qu'à 3 pieds de la ligne séparative de deux héritages.

§ III. — FOSSES.

1° Arrondissement de Laon.

Craonne. — C'est un usage constant de laisser 33 centimètres de largeur entre le bord du fossé que l'on fait creuser et la propriété voisine, et de donner au talus du côté du voisin une inclinaison proportionnée à la profondeur du fossé. Cette inclinaison doit être plus ou moins forte suivant la nature du terrain, de manière que le talus

---

(1) Avant la promulgation du Code, on suivait la loi romaine qui permettait de planter les haies à l'extrême limite des héritages.

ne s'éboule pas et qu'il reste toujours 33 centimètres au-delà de ce talus jusqu'à l'héritage du voisin.

Chauny. — Le fossé doit être creusé à 50 centimètres de la ligne séparative des deux héritages ; il doit être établi en talus, et la pente de ce talus doit être déterminée par l'inclinaison de l'hypothénuse d'un triangle ayant pour hauteur la profondeur du fossé et pour base la moitié de cette hauteur.

Sissonne. — Les fossés non-mitoyens sont établis d'ordinaire sur la limite extrême de la propriété close sans distance intermédiaire ; mais pour ne pas nuire au voisin, le talus doit présenter une inclinaison de 45 degrés.

2° Arrondissement de Saint-Quentin.

Bohain. — Si on fait ouvrir un fossé contre la propriété du voisin, on doit donner au talus une inclinaison suffisante pour qu'il n'y ait pas de dommage pour le voisin.

Le Câtelet. — Les fossés bordant les propriétés doivent être creusés à une distance de la limite égale à la profondeur du fossé, s'ils sont sans talus. On clot ordinairement les bois et garennes par des fossés, afin d'intercepter les racines des arbres et les empêcher de s'étendre dans les terrains riverains. Il est d'usage constant d'indiquer l'interdiction de passer à certains endroits, tels que sentiers prohibés, par de petits fossés appelés *défenses*, d'une profondeur habituelle de 33 centimètres (1).

St-Simon. — La profondeur ordinaire du fossé de clôture est de 50 centimètres.

---

(1) Cet usage est parfois dangereux, fait observer le rédacteur du canton du Câtelet, et il serait bon de prescrire d'autres moyens d'interdiction de passage, comme torches de paille, branches sèches, barrières, ce qui se fait dans d'autres contrées.

CHAPITRE IV.

DISTANCE ET OUVRAGES INTERMÉDIAIRES
Pour certaines constructions.

> (Art. 674. — Celui qui fait creuser un puits ou une fosse d'aisances près d'un mur mitoyen ou non ; celui qui veut y construire âtre ou cheminée, four, forge ou fourneau, y adosser une étable, ou établir contre ce mur un magasin de sel ou amas de matières corrosives, est obligé à laisser la distance prescrite *par les règlements et usages particuliers* sur ces objets, ou à faire les ouvrages prescrits par les mêmes règlements en usage pour éviter de nuire aux voisins.

1° Arrondissement de Laon.

Laon. — Dans la ville de Laon, on se conforme aux règles établies dans le traité de Desgodets : *La loi des bâtiments.*

Dans les villages du canton, il n'y a pas d'usage positif. On prend en considération la nature et la destination des constructions, leur emplacement, la qualité des matériaux employés. S'il y a contestation, une expertise décide.

Anizy. — Lorsque l'on construit des lieux d'aisance près d'un mur mitoyen ou non, on fait un contre-mur qu'on lie avec le mur voisin pour ne former qu'un seul corps de maçonnerie, et l'on exige que la fosse soit faite en bons matériaux et maçonnée sur les quatre faces. Si c'est près d'un puits, l'on n'observe plus l'ancienne distance de dix pieds ; mais on fait ce que prescrit l'art. 191 de la Coutume de Paris, en établissant le contre-mur pour garantir le mur de séparation, non-seulement jusqu'au niveau du terrain, mais encore jusqu'à la hauteur du tuyau, quelle qu'en soit l'élévation.

Craonne. — Pour le creusement des puits, on suit les dispositions de l'art.191 de la Coutume de Paris ; pour la construction des fosses d'aisances, celles de l'article 269 de la Coutume du Vermandois ; pour les cheminées ou âtres, l'art.

189 de la Coutume de Paris ; pour les forges, fours ou fourneaux, l'art. 190 de la même Coutume ; pour étables, magasins de sel ou amas de matières corrosives, l'art. 188 de cette Coutume.

La Fère. — Pour les puits et fosses d'aisance, on observe la distance de 2 mètres ; pour les cheminées ou âtres, on ne laisse pas de distance et on ne fait pas de contre-mur ; pour les fours et fournaux, on laisse le *Tour-du-Chat*, c'est-à-dire 16 à 17 centimètres ; pour les étables, on ne fait pas non plus de contre-mur et on ne laisse pas de distance ; et pour les magasins de sel ou amas de matières corrosives, on fait un contre-mur de 40 à 45 centimètres.

Neufchâtel. — La distance à observer pour les puits et fosses d'aisance est de 1 m. 66 cent., y compris le contre-mur.

Il n'est signalé, sur ces points divers, ni usages ni règlements particuliers, dans les cantons de Chauny, Coucy, Crécy, Marle, Sissonne et Rozoy.

2° Arrondissement de Château-Thierry.

Château-Thierry. — Il est d'usage de faire un contre-mur pour les fosses d'aisance ou à fumier, ainsi que de mettre une plaque en fonte ou de faire un bâtis en tuiles à l'âtre des cheminées ; mais il serait difficile d'énumérer tous les cas où il y aurait nécessité de faire des ouvrages intermédiaires. Les décisions des tribunaux, en général, sont basées sur des rapports d'experts qui puisent tous leurs renseignements dans les traités spéciaux, ou dans les usages de Paris.

Charly. — D'après l'usage, on doit faire un contre-mur de 33 centimètres d'épaisseur avec des matériaux solides (*pour une fosse d'aisance*). Lorsqu'il s'agit de la construction d'une cheminée, on peut, à l'endroit de l'âtre, si on n'établit pas de contre-mur, placer une plaque en fonte ; mais, dans les deux cas, on est tenu de laisser un espace vide de 16 centimètres de largeur, espace qui doit être aussi laissé quand on construit une forge ou un fourneau, et qu'on appelle le *Tour-du-Chat*.

Charly. — Pour isoler un mur du contact des objets indiqués par l'art. 674, il faut construire, avec fondations distinctes, un contre-mur à 30 ou 40 centimètres de distance et à hauteur suffisante.

Fère-en-Tardenois. — Pas de distance établie par l'usage, mais contre-mur dont la hauteur et l'épaisseur sont fixés d'après les circonstances et le plus souvent par les gens de l'art.

Neuilly-St-Front. — Pour fosse d'aisance, contre-mur; pour puits, cheminée, âtre, four, forge ou fourneau, on construit sur soi, après avoir pris toutes les précautions pour ne pas gêner les voisins, sans se préoccuper de telle ou telle distance. Ainsi pour étables, écuries, toits à porcs.

9° Arrondissement de Saint-Quentin.

Saint-Quentin. — Dans Saint-Quentin-ville, pour puits et citernes, on fait, jusqu'à la profondeur de 3 mètres au-dessous du sol, un contre-mur pour protéger les fondations du mur mitoyen. Pour fosses d'aisance, on conserve une distance de 60 cent. à 1 mètre entre le mur et le parement intérieur de la fosse. Un arrêté récent du maire de Saint-Quentin exige, en outre, que toute nouvelle fosse et toute fosse ancienne ayant besoin de réparations, soient citernées et rendues étanches. Pour forge, on fait un contre-mur de 25 centimètres d'épaisseur, en laissant entre le contre-mur et le mur mitoyen ou non du voisin un intervalle de 15 centimètres. Pour les étables, on construit du côté des mangeoires et rateliers, un contre-mur de 25 centimètres enduit en ciment romain ou chaux hydraulique. Pour les amas de fumier ou de matières corrosives, l'épaisseur du contre-mur doit être de 35 centimètres, avec enduit de ciment ou chaux hydraulique. L'usage pour les cheminées est de les élever assez pour ne pas incommoder les voisins dans leurs cours ou jardins.

Bohain. — Il n'y a pas d'usage fixe pour puits et citernes ; tout dépend de la nature du sol ; il faut que le voisin n'ait pas à souffrir. Souvent on fait des travaux de maçonnerie pour le garantir. Il est d'usage, quand on bâtit contre un voisin, de faire à ses propres frais élever la cheminée de celui-ci, de sorte que la fumée soit libre et n'éprouve aucune entrave. S'il établit lui-même une cheminée contre celle du voisin, elles doivent être de même élévation.

Ribemont. — Quand on construit une fosse d'aisance, il faut se conformer à l'art. 269 de la Coutume du Vermandois qui exige la construction d'un mur d'un pied d'épaisseur de grosse muraille, et non de *blocaille*. Pour forge, on établit un contre-mur de 33 centimètres d'épaisseur.

Saint-Simon. — Quand on établit une forge, il faut un contre-mur de 18 centimètres d'épaisseur, appelé *Tour-du-Chat*. Pour les étables et du côté de la mangeoire, le contre-mur doit s'élever jusqu'à la hauteur de la mangeoire et avoir 30 centimètres d'épaisseur. Pour les amas de fumier, il doit avoir 33 centimètres d'épaisseur. Quant aux cheminées, l'usage distingue entre les murs mitoyens ou non. Dans le premier cas, il faut construire un contre-mur de 30 centimètres d'épaisseur en tuileaux, ou garnir le contre-cœur d'une plaque en fonte, et le mur mitoyen sert de paroi au surplus de la cheminée ; dans le second, il faut non-seulement construire le contre-cœur de 30 centimètres en tuileaux ; mais, en sus, le surplus de la cheminée doit être édifié en entier.

Vermand. Seule obligation de ne pas nuire au voisin.

En général, dans les cantons de cet arrondissement où jadis la Coutume du Vermandois faisait loi, on ne rencontre pas aujourd'hui d'usage bien établi. On fait ce qu'il faut pour ne pas nuire au voisin.

4° Arrondissement de Soissons.

Soissons. — Pour puits et fosses d'aisances, contre-mur de 33 centimètres d'épaisseur. Pour les étables, contre-mur

de 25 centimètres contre les murs mitoyens et de 1 mètre
de hauteur avec fondations de 1 mètre. Mêmes règles pour
fosses à fumier et bergeries. Pour les cheminées, contre-
mur en tuiles ou en briques, épais de 18 centimètres sur
33 centimètres de hauteur. Pour les fours, construction à
17 centimètres du mur ; épaisseur du mur du four, 33 centimètres.

Braine. — On suit généralement, à défaut d'usages fixes,
les prescriptions de Desgodets et de Fournel : *Traité du Voisinage*. Les cheminées s'adossent immédiatement sur le mur
mitoyen, sans laisser de distance, quand le tuyau n'est destiné qu'à un usage domestique.

Vic-sur-Aisne. — Desgodets et Fournel règlent généralement les relations de voisinage et de mitoyenneté. Quand
on construit contre un voisin, on laisse un *trait de scie*.

Villers-Cotterêts — Dans toutes les communes de ce
canton, à défauts de règlements et usages particuliers, on
observe les dispositions de la Coutume de Paris.

5° Arrondissement de Vervins.

Aubenton. — Les fosses d'aisance construites près d'un
mur mitoyen doivent avoir un contre-mur en grosse muraille de 33 centimètres d'épaisseur. S'il existe un puits
dans le voisinage, on ne peut établir la fosse qu'à la distance de 17 pieds au moins de ce puits.

La Capelle. — Il est d'usage de laisser au moins 1 mètre
de distance entre les puits et la limite de l'héritage voisin.
Pour les fosses creusées dans les pâtures, on observe une
distance de 1 à 2 mètres.

Guise. — On continue à suivre la Coutume de Paris pour la
construction des fours. Il doit y avoir un contre-mur à une
distance d'un pied entre le mur et le four du voisin.

TROISIÈME PARTIE.

———✠———

BAUX.

———

BAUX DES MAISONS.

———

§ Iᵉʳ. — **CONGÉS.**

(Art. 1736. — Si le bail a été fait sans écrit, l'une des
parties ne pourra donner congé à l'autre qu'en observant
les délais fixés par *l'usage des lieux.*)

1° Arrondissement de Laon.

Laon. — Le bail sans écrit d'une maison, d'une partie de
maison, d'un bâtiment, est censé fait pour une année, quel
que soit le chiffre du loyer, et le délai pour donner congé
est de trois mois.

Chauny. — Si la maison est louée pour plusieurs années,
le congé doit se délivrer six mois d'avance. Si le bail est fait
à l'année, trois mois d'avance, et s'il est fait au mois, avant
l'expiration de la première quinzaine. — Les fonctionnaires
susceptibles de changer de résidence se réservent générale-
lement la faculté de quitter leur logement, en payant une
indemnité d'un mois de loyer.

4

Coucy. — Le délai du congé pour les maisons louées au mois est fixé à un mois.

Crécy. — L'usage ne fixe pas de délai pour les maisons qui, généralement, se louent à l'année ; il suffit de donner congé avant l'expiration de l'année.

Marle. — L'usage réduit le délai à six semaines pour les locations de portion de maison ou appartement.

Neufchâtel. — On donne congé un mois d'avance pour les locations au mois.

2° Arrondissement de Château-Thierry.

Château-Thierry. — Les locations ont lieu à l'année et commencent ordinairement, à moins de conventions contraires, au 11 novembre. On est dans l'habitude de donner congé trois mois à l'avance, c'est-à-dire le 10 août.

Charly. — Le bail des maisons est censé fait pour un an. Lorsqu'il y a des baux verbaux, l'usage est que le congé soit signifié trois mois avant l'expiration de l'année.

Condé. — Le bail a toujours lieu pour un an, à partir du 11 novembre. Le congé est de six mois pour une boutique ou un établissement industriel, de trois mois pour une maison ordinaire, et de six semaines pour une chambre ou portion de maison.

Fère-en-Tardenois. — Congé trois mois avant l'expiration du bail.

Neuilly-St-Front. — Congé dans les mêmes limites.

3° Arrondissement de Saint-Quentin.

Saint-Quentin. — Dans St-Quentin-ville, aucun usage précis ne règle la durée d'un bail d'appartement meublé, ni le congé des maisons. Il paraît cependant prévaloir que, dans les locations au mois, le congé doit être donné quinze jours seulement à l'avance ; dans celles au trimestre, six semaines d'avance ; et pour celles à l'année, trois mois avant l'expiration de l'année.

Bohain. — Le congé est donné à un mois, quel qu'ait été le temps du bail à expirer.

Le Câtelet. — Il est d'usage de signifier les congés un mois d'avance, si le bail est fait au mois, et trois mois d'avance, s'il est fait pour un trimestre ou pour l'année.

Saint-Simon. — Les locations au mois sont très nombreuses ; congés un mois d'avance.

Vermand. — Les locations de maisons se font généralement au mois. Le congé se donne un mois d'avance.

4° Arrondissement de Soissons.

Dans cet arrondissement, l'usage général est de faire commencer les baux verbaux au 11 novembre. Pour le reste, les habitudes varient suivant les localités. Ainsi :

Soissons. — Dans Soissons-ville, pour location au mois, congé quinze jours avant l'expiration du mois ; six semaines, avant le terme pour logement d'un loyer annuel de 200 fr. et au-dessous. Trois mois, avant le terme pour loyers annuels au-dessous de 200 fr. ; six mois, avant le terme pour une maison entière, corps de logis entier, et boutique sur rue.

Dans le canton, congé trois mois avant le 11 novembre pour les habitations, quel que soit le prix de la location.

Braine. — Pour les maisons, l'usage est de donner congé trois mois avant le 11 novembre.

Vailly. — Le congé se donne un mois d'avance pour locations faites au mois ; trois mois d'avance pour locations de maisons, d'appartements ou de chambres à l'année. — En l'absence de toute autre présomption, le bail des appartements, chambres ou maisons, est censé fait pour un an. (1)

Villers-Cotterêts. — 1° A Villers-Cotterêts et seulement pour la ville, congé six semaines avant l'expiration de

(1) On trouve la constatation de ces usages dans un procès-verbal dressé par la Chambre de discipline des huissiers de l'arrondissement de Soissons, à la date du 11 novembre 1853.

l'année pour les loyers de 50 francs et au-dessous, quand, d'ailleurs, il ne s'agit que d'un appartement ; 2° dans tout le canton, congé trois mois avant l'expiration du terme pour loyers de 50 à 100 fr. inclusivement ; six mois pour loyers de 100 fr. et au-dessus, et pour boutiques, quel que soit le loyer.

5° *Arrondissement de Vervins.*

Dans cet arrondissement, les locations d'appartements ou de maisons, avec ou sans jardin, sont faites au mois ou à l'année. Les locations au trimestre ne sont connues que dans les cantons du Nouvion et de Wassigny.

Vervins. — Le congé pour les locations à l'année doit être donné trois mois à l'avance. Pour les locations au mois, un mois à l'avance.

Aubenton. — Pour les locations au mois, congé quinze jours avant terme.

Le Nouvion. — Congé quinze jours avant terme pour locations au mois, et aussi à mi-terme, c'est-à-dire six semaines à l'avance, pour les locations au trimestre.

§ II. — PAIEMENT DES LOYERS.

(Art. 1753. — Le sous-locataire n'est tenu envers le propriétaire que jusqu'à concurrence du prix de sa sous-location dont il peut être débiteur au moment de sa saisie et sans qu'il puisse opposer des paiements faits par anticipation. Les paiements faits par le sous-locataire, soit en vertu d'une stipulation, soit en conséquence de *l'usage des lieux*, ne sont pas réputés faits par anticipation.

1° *Arrondissement de Laon.*

Il n'existe pas d'usage. La stipulation de paiement d'avance est subordonnée à la solvabilité du locataire.

2o Arrondissement de Château-Thierry.

Charly. — Le paiement des loyers par anticipation, sauf quelques exceptions, n'a pas lieu dans ce canton.

Condé. — Le paiement de la location s'effectue toujours le 11 novembre de chaque année, en un seul paiement et à l'expiration de la jouissance.

Fère-en-Tardenois. — Même usage qu'à Condé.

Neuilly-St-Front. — Même usage. Paiement à la fin de l'année de la location, le 11 novembre. Si l'on sort de cette limite, c'est dans la crainte de n'être pas payé par un locataire insolvable. Alors, et c'est rare, le propriétaire exige qu'il paie d'avance.

3o Arrondissement de Saint-Quentin.

L'usage général est que jamais les loyers ne sont payés à l'avance et qu'il le sont à l'expiration du terme, à moins de stipulations contraires.

§ III. — **TACITE RECONDUCTION**.

Art. 1759. — Si le locataire d'une maison ou d'un appartement continue sa jouissance après l'expiration du bail par écrit, sans opposition de la part du bailleur, il sera censé les occuper aux mêmes conditions pour le terme fixé par l'usage des lieux, et ne pourra plus en sortir, ni en être expulsé qu'après un congé donné suivant le délai fixé par *l'usage des lieux*.

1o Arrondissement de Laon.

Dans le cas de tacite reconduction pour la location de maisons, les délais de jouissance et de congé sont les mêmes que dans le cas de jouissance sans bail écrit.

2o Arrondissement de Château-Thierry.

Fère-en-Tardenois. — Il est d'usage que la jouissance

soit d'une année et que le congé soit signifié trois mois avant la fin du bail par tacite reconduction.

Neuilly-St-Front. — Le délai d'usage pour le congé est de trois mois avant l'expiration.

3o Arrondissement de Saint-Quentin. (1)

Bohain. — L'usage est d'un mois si on loue au mois, de trois mois si on loue par trimestre ou pour un plus long terme.

Ribemont. — La tacite reconduction s'opère pour une année si la maison est vaste, si le jardin est relativement considérable, si on y exerce une profession. Dans le cas contraire, elle a lieu pour un mois. Elle s'opère toujours pour un mois pour les appartements.

Saint-Simon. — A défaut de congé, il s'opère, pour toutes les locations sans écrit, une nouvelle location d'un mois pour maisons louées au mois, ou d'une année pour celles qui sont louées à l'année.

4o Arrondissement de Vervins.

Généralement, le bail par tacite reconduction est censé fait pour un mois, trois mois ou une année, selon que la location primitive avait été faite au mois, trimestre ou année, et le délai pour donner congé est le même que pour les baux faits sans écrit.

§ IV. — RÉPARATIONS LOCATIVES.

(Art. 1754. — Les réparations locatives ou de menu entretien dont le locataire est tenu, s'il n'y a clause contraire, sont celles désignées comme telles *par l'usage des lieux*, et entre autres, les réparations à faire aux âtres,

(1) **Saint-Quentin**. — La commission cantonale de St-Quentin regrette vivement l'absence d'un usage bien établi à ce sujet, et il la signale comme une lacune des plus regrettables, puisqu'elle laisse le justiciable et le juge dans l'incertitude la plus complète.

contre-cœurs, chambranles et tablettes des cheminées, etc., etc.)

1o Arrondissement de Laon.

L'usage est conforme à la loi.

2o Arrondissement de Château-Thierry.

Condé. — Quand il n'a pas été fait d'état des lieux, les réparations doivent s'effectuer aux frais du locataire, pour le mieux des intérêts du propriétaire et à dire d'experts.

3o Arrondissement de Saint-Quentin.

Les dispositions du Code sont seules en vigueur dans tout l'arrondissement par rapport aux réparations locatives, et ces dispositions ne sont modifiées nulle part par des usages particuliers.

CHAPITRE II.

BAUX DES BIENS RURAUX.

§ Ier. — DURÉE DES BAUX. — TACITE RECONDUCTION. — CONGÉS.

(Art. 1774. — Le bail sans écrit d'un fonds rural est censé fait pour le temps qui est nécessaire, afin que le preneur recueille les fruits de l'héritage affermé. Ainsi, le bail à ferme d'un pré, d'une vigne et de tout autre fonds dont les fruits se recueillent en entier dans le cours d'une année, est *censé* fait pour un an. Le bail des terres labourables, lorsqu'elles se divisent par soles ou saisons, est *censé* fait pour autant d'années qu'il y a de soles.

1775. — Le bail des héritages ruraux, quoique fait sans écrit, cesse de plein droit à l'expiration du temps pour lequel il est *censé* fait, selon l'article précédent.

1776. — Si, à l'expiration des baux écrits, le preneur reste et est laissé en possession, il s'opère un nouveau bail dont l'effet est réglé par l'art. 1774.)

Pour les cinq arrondissements du département.

En matière de baux ruraux écrits ou non écrits, la Commission centrale, se fondant sur l'ensemble des articles 1774, 1775 et 1776, est d'avis qu'il n'est pas nécessaire de donner congé, et que, par suite, les usages anciens, soit sur la durée de ces baux, soit sur la nécessité d'un congé pour les faire cesser, même en cas de tacite reconduction, ne doivent pas être constatés, attendu qu'ils sont contraires à la loi.

§ III. — PAIEMENT DE FERMAGES.

1° Arrondissement de Saint-Quentin.

Bohain. — L'époque des paiements de fermages est généralement fixée du 1er novembre au 1er janvier qui suivent la récolte.

Saint-Simon. — Les époques les plus ordinaires de paiement sont le 11 novembre et le 25 décembre suivant chaque récolte.

§ IV. — FRUITS DES ARBRES.

1° Arrondissement de St-Quentin.

Saint-Simon. — A défaut de stipulations contraires, il est d'usage que les fruits des arbres, le produit de leur émondage et élagage, celui de la taille des haies appartiennent au fermier.

§ V. — RÉPARATIONS LOCATIVES.

1° Arrondissement de St-Quentin.

Le Câtelet. — On considère comme entretien locatif à la

charge du fermier : combler les ravins et excavations, rabattre les muternes et taupinières, entretenir les fossés et digues, saigner, émonder et écheniller les arbres.

2° Arrondissement de Soissons.

Villers-Cotterêts. — Pour les bâtiments ruraux, il est d'usage que les réparations locatives soient faites à la hauteur de un mètre pour les bergeries et autres bâtiments où sont hébergés les petits animaux, et de deux mètres pour les écuries et étables où l'on met les chevaux, bœufs et vaches.

3° Arrondissement de Vervins.

La Capelle. — L'usage est de mettre à la charge du fermier les réparations aux mangeoires, bacs et rateliers, et à l'aire de la grange.

CHAPITRE III.

OBLIGATIONS DES FERMIERS ENTRANTS ET SORTANTS

§ 1er — LOGEMENT.

Art. 1777. Le fermier sortant doit laisser à celui qui lui succède dans la culture, les logements convenables et autres facilités pour les travaux de l'année suivante, et réciproquement le fermier entrant doit procurer à celui qui sort les logements convenables, et autres facilités pour la consommation des fourrages et pour les récoltes restant à faire. Dans l'un et dans l'autre cas, on doit se conformer à l'*usage des lieux*.

1° Arrondissement de Laon.

Laon. — Le fermier entrant commence à prendre possession des bâtiments après la remise de la sole en jachère, c'est-à-dire au 11 novembre de l'année qui précède celle de l'expiration du bail. Le fermier sortant conserve la jouissance des deux dernières soles jusqu'au 11 novembre qui suit l'enlèvement de la dernière récolte. Il peut y faire champier (paître) son troupeau, à la charge de laisser à la terre les engrais provenant de cette consommation. Il doit quitter définitivement le 23 avril suivant. Cependant, un nouvel usage tend à s'établir ; il consiste à reculer l'entrée du nouveau fermier au 1er janvier qui précède la fin du bail, et la sortie de l'ancien au 24 juin qui suit l'expiration de ce bail. Cette modification ne s'applique, au surplus, qu'à la remise des bâtiments et ne déroge pas à l'usage établi pour la remise des soles.

Coucy. — L'usage consiste à diviser en deux parts à peu près égales les bâtiments et locaux de la ferme, dont l'une est attribuée au fermier entrant ; puis, après un séjour de six mois, il s'opère un échange par suite duquel le fermier entrant prend les bâtiments du fermier sortant qui, à son tour, reprend les autres locaux.

Craonne. — Le fermier entrant prend possession à la Saint-Martin qui précède sa première couvraine : 1º d'un tiers des terres labourables dont se compose l'exploitation. Ne sont pas comptées comme telles celles de ces terres converties en prairies artificielles, à la condition, toutefois, qu'elles seront laissées en cet état au départ du fermier sortant et qu'elles n'excéderaient pas le cinquième de la masse ; 2º et d'une partie du corps de logis et de ses dépendances, un tiers environ, ainsi que des bâtiments ruraux propres au logement des bestiaux qui lui sont nécessaires, et à l'engrangement des fourrages destinés à la nourriture de ces bestiaux. Au 1er octobre qui suit la dernière récolte faite par le fermier sortant, celui-ci cède à son successeur la partie du corps de logis qu'il avait occupée jusque-là pour reprendre celle cédée à ce dernier le 11 novembre précédent. Pareille permutation a lieu au sujet des écuries de leurs bêtes d'attelage. Le fermier sortant conserve la jouissance des granges jusqu'au 1er mai de l'année qui suit la dernière récolte, et jusqu'au 1er juin suivant celle des bergeries et étables abritant les bestiaux consommateurs.

La Fère. — Le fermier sortant doit laisser au fermier entrant les logements et autres facilités pour les travaux de culture à partir du 1er juillet qui précède la fin du bail, et au 1er mars suivant ils échangent les locaux.

Sissonne. — Il est d'usage de laisser au fermier entrant le tiers des bâtiments pour son installation et la culture de sa jachère à la Saint-Georges (23 avril), qui précède la dernière récolte du fermier sortant (1).

Anizy, Chauny, Marle, Rozoy. — Il n'existe à cet égard aucun usage dans ces cantons.

Crécy, Neufchâtel. — Crécy se tait sur ce point, et Neufchâtel, tout en signalant un usage, ne s'explique pas.

2° Arrondissement de Château-Thierry.

Charly. — Le fermier entrant a le droit d'avoir une pièce pour faire la cuisine (ordinairement le fournil); une place au grenier pour resserrer le grain destiné à la semence et à la nourriture des chevaux ; un grenier pour y placer le foin. Il a droit aussi au four et à la jouissance de la cour. Lorsque le fermier sortant a fait tous les travaux sur ses terres, il reprend le logement qui avait été donné au fermier entrant et il donne le sien à ce dernier.

Condé. — Le fermier sortant a droit à une chambre à feu dans la ferme qu'il quitte. Le fermier entrant doit mettre à la disposition de son prédécesseur des bâtiments en quantité suffisante pour l'engrangement de la dernière récolte et la consommation des pailles.

Fère-en-Tardenois. — Il est d'usage qu'après l'expiration

---

(1) La commission de ce canton pense que cette époque est trop tardive et ne répond plus aux besoins de l'agriculture. Elle estime qu'il faudrait abandonner au nouveau fermier la sole en jachère avec les logements convenables dès le 11 novembre qui suit l'avant-dernière récolte.

du bail, le fermier sortant doit rendre au fermier entrant tous les logements qu'il occupait lui-même.

Neuilly-St-Front. — On fournit ordinairement au fermier entrant, pour l'exploitation des jachères, de quoi loger les chevaux utiles à cette exploitation, un grenier à fourrages, un grenier à avoine, un local suffisant pour les maîtres et les domestiques. Tout le surplus reste au fermier sortant. Cette communauté dure en général jusqu'au 24 juin suivant la dernière récolte du bail.

3⁰ Arrondissement de Saint-Quentin.
1⁰ Remise de terres.

St-Quentin, Bohain. — Les commissions de ces cantons déclarent qu'il n'y a, quant à l'exécution de l'art. 1777, aucun usage constant.

Le Câtelet et Saint-Simon, — A la fin du bail et après l'enlèvement de la dernière récolte, les terres sont remises par le fermier sortant au fermier entrant en bon état de culture et d'amendement; le tiers de ces terres doit sortir de récoltes, après lesquelles il est d'usage d'ensemencer en blé. Le fermier sortant doit laisser au nouveau la facilité de semer, à proportion de l'assolement, des trèfles, minettes et autres graines de même espèce dans sa dernière récolte en blé ou avoine, mais en choisissant un temps propice pour nuire le moins possible à cette récolte. Le nouveau fermier a le droit de faire pâturer dans les prairies non assujéties à la vaine pâture, après l'enlèvement de la dernière coupe.

Ribemont. — La culture nouvelle et progressive a modifié un usage qui existait, il y a une trentaine d'années, à l'époque des jachères mortes, dans le canton de Ribemont. Alors le fermier entrant arrivait au mois d'avril précédant la récolte, avec les chevaux et intruments nécessaires à la culture des jachères, et le fermier sortant lui devait le logement strictement nécessaire pour lui-même, ses chevaux,

leurs conducteurs et leur nourriture. Le fermier sortant
conservait le surplus de la ferme , et, aussitôt après la dernière récolte, les fermiers changeaient de logement, et le
fermier sortant quittait la ferme définitivement au mois
d'avril suivant. Depuis que les jachères mortes ont fait place
aux jachères vives , l'usage a dû, par la force des choses,
subir une modification. La présence du fermier entrant n'a
plus de raison d'être au mois d'avril précédant la dernière
récolte, puisque toute la terre est empouillée et que l'on
ne pourra donner de culture qu'après la récolte des minettes et colzas. Aussi parait-on admettre actuellement dans
l'usage l'arrivée du fermier entrant à la Saint-Jean (24 juin)
précédant la dernière récolte, et, sous ce rapport seulement, l'ancien usage a subi une modification.

2o Jachères.

L'usage de l'arrondissement n'admet plus la jachère, ainsi
qu'on vient de le voir plus haut.

Le Catelet. — Les empouilles qui la remplacent et après
lesquelles on ensemence en blé, sont : les prairies artificielles, les fèves, les racines et les plantes oléagineuses. Le
fermier succédant ne peut exiger de jachères qu'autant qu'il
y a eu stipulation , et lorsque cette stipulation existe, on
considère comme tenant lieu de jachères les terres récoltées
en betteraves, les prairies artificielles, féveroles, plantes
grasses dont la quantité équivalant au tiers de l'exploitation
est remise au fermier entrant aussitôt après l'enlèvement
des récoltes de l'avant-dernière année du bail.

3o Prairies.

Le Catelet. — On ne s'explique nulle part sur les usages
qui les règlent, si ce n'est dans le canton du Câtelet où le
fermier peut les transformer, à sa volonté, en terres labourables et *vice-versâ* , mais à la charge de les remettre, à la
fin du bail, dans l'état où il les a reçues.

4° *Arrondissement de Soissons.*

Dans l'arrondissement de Soissons, l'usage est le même
dans tous les cantons, et il peut s'analyser de la manière
suivantes :

On suppose que le nouveau fermier doive faire la première récolte en 1863. Au 11 novembre 1861, il a dû entrer
en jouissance : 1° d'un logement aussi convenable que possible et qui d'ordinaire doit être au moins du tiers du corps
d'habitation ; 2° d'une écurie suffisante pour les chevaux
nécessaires aux reversages et aux charrois de fumier ;
3° d'un grenier à fourrages ; 4° d'un autre à avoine ; 5° des
fumiers ; 6° de la sole des jachères. Quand on ne peut fournir des bâtiments séparés, l'espace doit être calculé de manière à sauvegarder les intérêts du fermier entrant, comme
ceux du sortant. Les prés ne sont rendus qu'en une seule
fois, à la fin du bail.

Au 24 juin 1862, droit pour le nouveau fermier de par-
quer avec ses moutons jusqu'au 18 octobre, époque à laquelle l'ancien fermier ramènera ses moutons pour faire
la consommation des fourrages et des fumiers jusqu'en juin
1862.

Au 11 novembre 1862 commencera pour le nouveau fermier la jouissance des deux autres tiers que le fermier doit
lui remettre. Le fermier sortant jouira jusqu'à la St-Jean
1863, des granges et autres facilités que son successeur
doit lui laisser pour la consommation des fourrages et pour
les récoltes restant à faire. Cette époque arrivée, la jouissance cesse, excepté pour son logement qu'il conservera
jusqu'à la fin du bail, c'est-à-dire jusqu'au 11 novembre
1863.

Néanmoins, l'usage qui existe déjà dans certaines localités et qui tend à se généraliser, obligerait le fermier sortant, une fois sa dernière récolte faite, à reprendre le logement par lui donné au nouveau fermier à qui il remettrait
le sien.

§ V. — *Arrondissement de Vervins.*

Aubenton et La Capelle. — Il ne parait exister aucun usage particulier dans l'arrondissement de Vervins. Cependant, dans les cantons d'Aubenton et de La Capelle, le fermier sortant quitte à la Saint-Martin, c'est-à-dire le 11 novembre, et laisse au fermier entrant tous les logements et bâtiments de la ferme.

§ II. — **PAILLES ET FUMIERS.**

(Art. 1778. Le fermier sortant doit laisser aussi les pailles et engrais de l'année, s'il les a reçus lors de son entrée en jouissance, et quand même il ne les aurait pas reçus, le propriétaire pourra les retenir suivant estimation.

1° Arrondissement de Laon.

Laon. — Si le bail est muet, le fermier sortant ne doit les pailles et fumiers de la dernière récolte que dans le cas où il les a reçus en entrant, et la preuve incombe au propriétaire. Si le bail dit, au contraire, que le fermier sortant rendra les pailles et fumiers suivant l'usage, il y a présomption qu'il les a reçus à son entrée, et il doit les remettre à sa sortie. Pour ce cas, l'usage ancien était que le fermier sortant devait convertir en fumier toutes les pailles de l'année et laisser ces engrais à son successeur ; mais, ce mode de procéder avait des inconvénients : d'abord, le fermier entrant a besoin de pailles en nature ; ensuite une consommation trop précipitée ne donne que du fumier de mauvaise qualité. Aussi est-il généralement admis maintenant que le fermier sortant doit rendre un tiers des pailles en nature, convertir un autre tiers en fumier qui appartient à la terre, et que le dernier tiers lui est réservé.

Coucy. — Les prescriptions du Code sont appliquées dans le canton.

Craonne. — Les pailles, généralement quelconques, doivent retourner à la terre qui les a produites ; mais les fourrages peuvent être distraits par le fermier sortant, et le fumier à fournir par sole doit être en quantité suffisante pour fumer une étendue équivalant au sixième de la totalité des terres labourables de l'exploitation. A défaut de cette quantité de fumier, le fermier entrant a droit à des dommages et intérêts.

Crécy-sur-Serre et **La Fère**. — Un fermier obligé par son bail à rendre les pailles et fumiers d'usage, doit rendre un tiers des pailles provenant de la dernière récolte, le fumier provenant d'un second tiers, et disposer à son gré du dernier tiers.

2° Arrondissement de Saint-Quentin.

Le Câtelet et **St-Simon**. — Il est d'usage que le fermier ne vende pas les pailles produites par les terres louées et qu'il les transforme en engrais pour l'amendement de ces terres.

3° Arrondissement de Soissons.

L'usage général dans tous les cantons est que le fermier, à moins de clause expresse, n'est généralement pas tenu à convertir toutes les pailles en fumier durant le cours du bail, si ce n'est pendant les deux dernières années de sa jouissance.

QUATRIÈME PARTIE.

———◆◇◆———

LOUAGE DES SERVICES.

———

(Art. 1780. — On ne peut engager ses services qu'à temps ou pour une entreprise déterminée.

Art. 1781. — Le maître est cru sur son affirmation, pour la quotité des gages, pour le paiement du salaire de l'année échue et pour les à-comptes donnés pour l'année courante.)

§ 1er. — **TEMPS D'ENGAGEMENT**.

1º Arrondissement de Laon.

Laon. — En ce qui concerne les services des domestiques attachés à la personne, l'usage ne fixe aucun temps déterminé. Sauf les cas exceptionnels, les maîtres et domestiques peuvent résilier à leur gré l'engagement, à condition, soit de prévenir huit jours d'avance, soit de payer ou de perdre le salaire représentatif de cette période de temps. Les salaires sont fixés à tant par mois et s'acquièrent jour par jour.

Quant aux domestiques et serviteurs attachés à une exploitation agricole, le louage est censé fait pour l'année entière qui court du 18 octobre pour les bergers et du 11 novembre pour tous les autres. Le salaire est exigible de mois en mois. Seulement, le maître est dans l'usage de retenir toujours un mois de gage pour garantie de l'exé-

5

cution des engagements du domestique. La rupture du contrat pendant le cours de l'année, à moins de causes graves, donne lieu réciproquement à des dommages-intérêts qui sont arbitrés par le juge.

Marle. — Les domestiques de ferme, les parcours et les servantes louent leurs services à l'année, et cette année commence le 11 novembre. Pour les bergers, l'année commence à la Saint-Luc (18 octobre), époque de la rentrée des parcs. Les gages de ces divers agents de l'agriculture se paient partie en argent et partie en grain, soit blé pur, soit méteil, soit partie blé et partie seigle, selon que les communes sont plus ou moins favorisées sous le rapport de la qualité du sol. — Lorsque le domestique loue ses services, il est d'usage que le maître lui donne des arrhes qui sont de 3 à 6 fr. Ces arrhes s'appellent *denier-à-Dieu*.

Les autres cantons de l'arrondissement de Laon ne se sont pas occupés de cette question.

2° Arrondissement de Saint-Quentin.

Les cantons de Bohain, Le Câtelet, Moy, Ribemont et Vermand n'ont pas fourni de réponses sur ce sujet cependant si important. Nous ne trouvons donc de renseignements que dans les procès-verbaux de Saint-Quentin et de Saint-Simon.

Saint-Quentin. — Les serviteurs et valets s'engagent ordinairement pour un an qui commence le 11 novembre (la Saint-Martin d'hiver) et pour un prix indéterminé. Ils sont tenus de servir jusqu'au terme de leur engagement. A moins de motifs graves, ils ne peuvent quitter leur maître, ni le maître les renvoyer dans l'intervalle, sous peine d'une indemnité proportionnée au préjudice résultant de l'abandon ou du renvoi.

Saint-Simon. — Les gens de travail attachés à la culture sont généralement loués à l'année, du 11 novembre au 11 novembre. Leurs gages sont en général stipulés pour la plus forte partie en blé et pour le surplus en argent, parfois seulement en argent. Il y a exception pour les servantes

qui, presque toutes, sont louées au mois ; pour les parcours
qui se louent pour trois mois, à compter de la St-Jean ;
pour les batteurs, faucheurs et bineurs qui sont à la tâche ;
pour les manouvriers qui travaillent le plus ordinairement à
la journée et quelquefois à la tâche ; parmi les ouvriers
compris dans l'exception, les parcours, batteurs et faucheurs sont payés partie en blé, partie en argent. Les
servantes, bineurs et journaliers sont toujours payés en
argent.

3° Arrondissement de Soissons.

Soissons. — L'usage à la ville est de louer les domestiques
au mois. Le maître qui veut renvoyer son domestique, ou
le domestique qui veut quitter son maître, doit prévenir huit
jours à l'avance. Celui qui manque à cette condition doit
tenir compte à l'autre de huit jours, le tout sauf les cas
exceptionnels de brutalité, d'inconduite notoire, etc.

A la campagne, on loue les domestiques pour l'année
entière ; le délai pour se prévenir mutuellement est de
quinze jours avant la fin de l'année de location. Les bergers
se louent généralement de la St-Luc à la St-Luc (18 octobre).

Il est d'ailleurs à remarquer qu'en ce qui concerne les
bergers, les usages varient un peu, suivant qu'il s'agit de
communes situées sur la rive droite ou la rive gauche de
l'Aisne. Ainsi, si des deux parts la location se fait pour un
an du 18 octobre au 18 octobre, et moyennant un salaire
payable moitié en grains et moitié en argent, les époques
de paiement sont différentes. Sur la rive droite, l'argent se
paie moitié le 24 juin et moitié le 18 octobre ; quant au
grain, il se fournit par semaine et au fur et à mesure des
besoins. Sur la rive gauche, grain et argent se paient en
une seule fois le 18 octobre.

Vic-sur-Aisne. — Autrefois, les valets de labour étaient,
à défaut de conventions, présumés loués pour un terme du
11 novembre au 24 juin, et pour le second terme, du 24
juin au 11 novembre. Aujourd'hui, l'usage est de les louer
pour un an, du 11 novembre au 11 novembre. Leur salaire

est ordinairement en argent. Le paiement, divisé en deux termes comme l'était auparavant la période de leur engagement, s'effectue généralement en argent, celui du premier terme au 24 juin et l'autre au 11 novembre. Depuis douze à quinze ans, les cultivateurs, faisant usage de bœufs pour leur exploitation, les bouviers sont loués au mois et toujours payés en argent.

4° *Arrondissement de Vervins.*

Suivant un usage commun à tout l'arrondissement, les domestiques de labour et les filles de service se louent à l'année, du 11 novembre au 11 novembre (de l'année suivante). Les bergers se louent aussi à l'année, à partir de la Saint-Luc (18 octobre). Les gages sont généralement payés partie en argent, partie en blé. Avant de se quitter, il est d'usage de se prévenir réciproquement quinze jours à l'avance. Ces usages sont consacrés par une délibération du Comice agricole de l'arrondissement de Vervins du 17 avril 1853.

§ II. — **DIVISION DE L'ANNÉE.**

1° *Arrondissement de Laon.*

Laon. — Le salaire fixé s'applique à l'année entière et se divise en 365 parties. Pour les bergers et les servantes, les gages se comptent jour par jour, parce que le travail est à peu près uniforme toute l'année. Pour les domestiques de charrue et les parcours, il en est autrement : leur salaire se répartit inégalement par chaque mois, suivant l'importance des travaux de chaque saison. Cet usage a toujours été suivi ; mais anciennement il n'était soumis à aucune règle fixe. Pour faire cesser toutes les divergences, le Comice agricole de Laon a proposé un mode de répartition généralement admis aujourd'hui, non-seulement dans le canton, mais dans la circonscription du Comice, et qui est le suivant :

On divise l'année en douze périodes mensuelles qui, bien que composées effectivement de trente jours, ne comptent cependant que pour un nombre de jours plus ou moins grand, donnant droit chacun à 1/365e du salaire annuel. Ainsi, la période du 11 novembre au 11 décembre compte

pour	15	jours.
du 11 décembre au 11 janvier, pour	15	—
du 11 janvier au 11 février, pour	15	—
du 11 février au 11 mars, pour	15	—
du 11 mars au 11 avril, pour	30	—
du 11 avril au 11 mai, pour	30	—
du 11 mai au 11 juin, pour.	30	—
du 11 juin au 11 juillet, pour.	45	—
du 11 juillet au 11 août, pour.	50	—
du 11 août au 11 septembre, pour	50	—
du 11 septembre au 11 octobre, pour	40	—
du 11 octobre au 11 novembre, pour	30	—

Total des jours. 365

Pour les jardiniers, on compte : du 11 novembre au 11 février, trois mois à 20 jours l'un . . . . . . 60 jours
du 11 février au 11 mars. . . . . 30 —
du 11 mars au 11 octobre. . . . . 245 —
du 11 octobre au 11 novembre. . . . . 30 —

Total des jours. 365

Le salaire s'acquiert jour par jour dans les proportions ci-dessus.

2° Arrondissement de Saint-Quentin.

Saint-Quentin. — L'année a été divisée en plusieurs périodes emportant chacune une portion plus ou moins élevée du salaire convenu pour l'année, selon que les travaux du maître sont plus ou moins urgents. Pour le décompte du salaire, les 365 jours de l'année ont été répartis par le livret du Comice de Saint-Quentin exactement comme à Laon. Seulement, il n'y est pas question des jardiniers.

Le règlement du Comice agricole de Saint-Quentin est adopté dans tous les cantons de l'arrondissement.

3° Arrondissement de Vervins.

Le temps du travail est calculé pour 15 jours seulement dans les mois de novembre, décembre, janvier et février. Les autres mois sont comptés en entier, à l'exception des mois de juillet, août et septembre, qui sont comptés pour 45 jours, afin de compenser la différence des mois d'hiver.

Le salaire des bergers est acquis jour par jour, sans distinction de saison.

§ III. — LIVRETS.

1° Arrondissement de Laon.

Depuis la fondation des Comices de Laon et de Marle, c'est-à-dire vingt ans pour Marle et dix pour Laon, l'usage du livret commence à se généraliser. Avec la consécration du temps, il deviendra un usage local.

2° Arrondissement de Saint-Quentin.

Les ouvriers de culture ne sont pas astreints à se munir de livrets. Cependant, beaucoup de cultivateurs le leur imposent et donnent ainsi naissance à un usage dont on reconnaît les bons effets et qui paraît devoir se généraliser à l'avantage évident des deux parties. L'usage du livret est très-répandu dans tout l'arrondissement.

3° Arrondissement de Soissons.

Afin d'éviter toute contestation sur la durée des engagements, la quotité des gages et des à-comptes payés, on exige maintenant, dans les fermes importantes de tout l'arrondissement, que tous les ouvriers et domestiques soient pourvus de livrets.

4° Arrondissement de Vervins.

L'usage du livret agricole se généralise aussi dans cet arrondissement. (1)

(1) La Commission du canton de Fère-en-Tardenois, dit : « La Commission,
» dans la prévision que ce serait une bonne mesure, a cru devoir exprimer
» le désir que l'usage des livrets soit introduit dans la culture. »

Celle du canton de Neuilly-St-Front émet aussi le même vœu et dit : « ¡
» est d'usage que les domestiques se louent verbalement chez des maîtres.
» Il serait, à cet égard, très-désirable que les ouvriers fussent astreints, de
» même que les maîtres, à la tenue d'un livret sur lequel les conventions
» arrêtées et les remises de fonds constatées auraient force de loi entre les
» contractants »

CINQUIÈME PARTIE.

PARCOURS ET VAINE PATURE.

CHAPITRE Ier.

PARCOURS.

Loi du 28 septembre-6 octobre 1791. Sect. IV. Art. 2. — La servitude réciproque de paroisse à paroisse connue sous le nom de parcours et qui entraîne avec elle le droit de vaine pâture, continuera provisoirement d'avoir lieu avec les restrictions déterminées à la présente section, lorsque cette servitude sera fondée sur un titre ou sur une possession autorisée par les lois et les *Coutumes*. A tous autres égards, elle est abolie.

1° Arrondissement de Laon.

Le droit de parcours n'existe plus dans aucun canton de cet arrondissement.

2° Arrondissement de Château-Thierry.

Charly. — Le droit de parcours n'existe plus que dans quelques communes : Vendières et Lépine-au-Bois. A Vendières même, les fermes de la Bruyère, Courbelin, la Monanderie en sont exemptées.

Condé. — Dans la partie méridionale de ce canton, le parcours n'existe plus. Il en est de même pour la partie centrale, à l'exception de quelques communes où l'exercice en est réglé par des arrêtés municipaux. Dans la partie septentrionale, le parcours existe même sur les prairies naturelles après la récolte de la première herbe.

Fère-en-Tardenois. — Il existe bien dans quelques localités divers règlements et usages relatifs à l'usage de parcours aussitôt après la première herbe ; mais, différant les uns des autres, ils ne donnent pas un véritable caractère de généralité. Aucun usage bien établi n'est donc à constater.

Neuilly-St-Front. — Il est d'usage que le parcours s'opère sur les prairies après l'enlèvement des premières coupes, et aussi en plaine.

3° Arrondissement de Saint-Quentin.

Moy. — L'usage du parcours n'existe que dans quelques communes du canton et seulement sur les prairies.

Saint-Simon. — Le droit de parcours existe dans quelques localités et il y est réglé par des arrêtés municipaux.

4° Arrondissement de Soissons

Oulchy. — Le droit de parcours a disparu à peu près partout, ou tend à disparaître. Toutefois, il s'observe encore, mais assez rarement, dans le canton d'Oulchy-le-Château, de la même manière qu'il existait avant la loi.

5° Arrondissement de Vervins.

La servitude de parcours n'existe dans l'arrondissement de Vervins que pour les communes de Sorbais, Etréaupont, Hirson et Neuve-Maison.

CHAPITRE II.

VAINE PATURE.

§ Ier. — PRINCIPE.

1° Arrondissement de Laon.

Laon. — La vaine pâture est fondé sur un usage immémorial. Il en est de même dans les autres cantons, sauf ces deux exceptions :

Anizy. — Le droit de vaine pâture a disparu dans certaines communes ; dans d'autres il existe encore.

La Fère. — Le droit de vaine pâture, qui s'exerce de temps immémorial, est pratiqué pour les bêtes à cornes par troupeau en commun, et pour les bêtes à laine par troupeau séparé.

Marle. — Il n'existe aucun titre ancien. Il y a des règlements municipaux différents dans chaque commune. Les traditions locales sont confuses et contradictoires, et il est à souhaiter que le législateur intervienne en cette matière.

Neufchâtel. — La vaine pâture a disparu dans ce canton.

2° Arrondissement de Château-Thierry.

Château-Thierry. — La vaine pâture s'exerce encore dans quelques localités ; mais elle a fini par disparaître d'elle-même dans plusieurs communes, par suite du progrès de l'agriculture et de la nécessité de créer des prairies artificielles. (1)

Charly. — Le droit de vaine pâture n'existe plus que dans quelques communes de la Brie, comme Vendières et

---

(1) Les Commissions des quatre cantons de Château-Thierry, Charly, Condé et Neuilly-St-Front, ont exprimé le désir que le parcours et la vaine pâture soient interdits dans l'intérêt bien compris de l'agriculture.

l'Epine-au-Bois. Toutefois même, il ne s'y exerce pas sur les grandes propriétés agglomérées.

Condé. — La vaine pâture tend aussi à disparaître.

Fère-en-Tardenois. — La vaine pâture n'a pas un caractère de généralité qui en fasse maintenant un véritable usage.

3° Arrondissement de Saint-Quentin.

Saint-Quentin. — La vaine pâture est reconnue dans toutes les communes du canton, mais pour les bêtes ovines seulement. Elle est accordée aux forains.

Bohain. — La vaine pâture existe dans toutes les communes du canton, mais sur les terres arables seulement.

Moy et Ribemont. — Elle s'exerce sur toutes les terres dépouillées de récoltes en céréales et au profit des bêtes à laine seulement.

Saint-Simon. — L'usage est que la vaine pâture sur les terres ne s'exerce qu'après le glanage.

Vermand. — Le procès-verbal de ce canton est le seul qui semble énoncer que le droit de vaine pâture n'y est pas en usage. Il s'exprime ainsi : « La Commission ne connaît pas d'usage en vigueur relatif à la loi du 6 octobre 1791. »

4° Arrondissement de Vervins.

La vaine pâture s'exerce dans toutes les communes de l'arrondissement, sur les prairies naturelles non closes, par les bêtes à cornes et les animaux de la race chevaline, et dans quelques communes concurremment par les moutons ; sur les terres entièrement dépouillées de leur récolte, par les bêtes à laine. Les prairies artificielles n'y sont pas soumises.

5° Arrondissement de Soissons.

La vaine pâture se pratique habituellement en conformité parfaite avec les dispositions de la loi. Cependant, il est à observer que, dans les communes de grande culture, la vaine pâture ne s'exerce ordinairement pas ; la raison en est que les terres se trouvent réunies en bloc, et que chacun jouit des siennes.

Villers-Cotterêts. — Un règlement du 14 juin 1858, qui règle la vaine pâture, contient la disposition suivante : « La » vaine pâture ne pourra avoir lieu que pour les bestiaux » que l'on tiendra à titre de propriétaire ou de cheptel, » mais non pour les bestiaux dont on fera commerce. Néan- « moins, le boucher qui se trouvera dans un des cas de » l'article 14 de la loi de 1791, pourra envoyer à la vaine » pâture 25 bêtes à laine au plus. »

§ II. — PRAIRIES.

Sect. IV. Art. 10. — Partout où les prairies naturelles sont sujettes au parcours ou à la vaine pâture, ils n'auront lieu provisoirement que dans le temps autorisé par les lois et *Coutumes*, et jamais tant que la première herbe ne sera pas récoltée.

1° Arrondissement de Laon.

Laon. — Des règlements particuliers existent dans presque toutes les communes. En ce qui concerne la ville de Laon, chaque faubourg est considéré comme une paroisse ou section séparée, et il est soumis à un règlement particulier. Les fermes à l'écart forment des cantonnements distincts.

Anizy. — Le droit de vaine pâture consiste dans la faculté de faire paître le gros bétail dans les prairies hautes après l'enlèvement de la première herbe, et dans les prairies basses après l'enlèvement de la seconde.

Craonne. — On y distingue les pâtures en deux espèces : les grasses ou vives, et les sèches, autrement dites *vaines pâtures*. Les pâtures grasses ou vives comprennent les terrains qui ne sont pas cultivés et que les communes réservent pour l'usage des bestiaux de leurs habitants, tels que landes, marais, bruyères, etc. Dans les pays soumis à la vaine pâture, on classe encore comme pâtures grasses ou vives les prairies appartenant aux particuliers après l'enlèvement de la première herbe. Les pâtures sèches ou *vaines pâtures* comprennent les terrains dont les produits ne sont pas susceptibles d'être récoltés utilement, tels que les grands chemins, les terres en friche, les chaumes et les guérets.

Les règles et usages dans ce canton sont de réserver la pâture grasse au gros bétail, chevaux, vaches et ânes, et de n'accorder aux moutons que la pâture sèche ou *vaine*. Dans la plupart des communes, les moutons sont en tout temps exclus de la pâture grasse, notamment des prairies ; cependant, dans quelques communes, ils peuvent y entrer après le gros bétail et à des époques fixées par des règlements locaux. Les porcs, les chèvres et les oies sont exclus en tout temps de la pâture grasse et de la pâture sèche ; cependant, il est d'usage dans quelques communes de laisser pâturer les dindons dans les pâtures sèches, concurremment avec les moutons.

Les terrains communaux non cultivés, tels que landes, marais, bruyères, friches, sont soumis en tout temps à la vaine pâture, parce qu'ils ne sont défensables en aucune saison. Dans les chaumes, la vaine pâture n'est ouverte que deux jours après l'enlèvement de la récolte. Dans les prairies, le pâturage n'est ouvert, de même, qu'après l'enlèvement entier de la récolte, et il est suspendu aux approches de la végétation, c'est-à-dire, généralement au 1er mars de chaque année.

Dans la plupart des communes, depuis la loi du 18 juillet 1837 qui a confié aux conseils municipaux le soin de régler le mode du pâturage, ces Conseils ont fixé eux-mêmes d'une manière précise l'époque de l'ouverture et de la fermeture de ce pâturage, pour ne rien laisser à l'arbitraire des propriétaires.

Crécy. — Après la récolte de la première herbe, les prés naturels non clos sont soumis à la vaine pâture du gros bétail, et, après l'enlèvement de la récolte, les terres ouvertes sont soumises à celle des moutons.

Rozoy. — En tant que le droit de vaine pâture s'exerce sur les prairies naturelles dans quelques communes telles que Rouvroy et Chery, il est parfois converti en regain pour certains cantonnements, et ces regains sont vendus au profit de la commune ; le prix en est porté au budget.

Sissonne. — Les prairies naturelles sont soustraites au droit de vaine pature. Il n'existe pas d'usage sur le droit de pacage dû à tout particulier non possesseur de terrain sujet à la vaine pâture.

2° *Arrondissement de Château-Thierry.*

Condé. — Dans la partie méridionale de ce canton, la vaine pâture existe, même sur les prairies naturelles , après la récolte de la première herbe.

3° *Arrondissement de Saint-Quentin.*

Bohain. — En aucun temps, la vaine pâture n'est permise dans les prairies naturelles, et le propriétaire est libre d'en disposer comme il l'entend.

Le Câtelet. — Au contraire, dans ce canton, elle s'exerce sur les prairies ; mais il faut distinguer entre prairies naturelles et artificielles. Sur les premières, le droit existe quand elles ne sont pas closes et après l'enlèvement de la coupe des foins de la Saint-Jean. C'est l'administration municipale qui règle le droit de vaine pâture sur les prairies naturelles et qui nomme un gardien au troupeau communal ; les habitants le paient à raison de chaque tête de bétail. Sur les prairies artificielles, le propriétaire ou fermier du champ a le droit de faire paître son troupeau avant tout autre ; s'il veut se soustraire au droit, il indique son intention en plantant des jalons ou des branches d'arbre après la première coupe.

Moy. — La vaine pâture est d'usage dans toutes sortes de prairies : sur les prairies artificielles après la dernière coupe, sur les prés après la première ; mais sur ceux-ci, on ne peut amener les moutons qu'après les bêtes à cornes.

St-Simon. — Pour les prairies artificielles, la vaine pâture ne s'exerce que par tolérance de la part des propriétaires ou exploitants. Quand ceux-ci veulent s'y soustraire, ils indiquent leur intention en plantant dans leurs pièces des fiches appelées *défenses*. Il en est de même pour le peu de prairies naturelles non closes existant dans le canton.

4° *Arrondissement de Soissons.*

Vailly. — La vaine pâture ne s'exerce sur les terres qu'après l'expiration du temps accordé pour le glanage. Tout propriétaire de troupeau a le droit de le faire conduire dans toutes les terres appartenant à des tiers et dépouillées de leurs récoltes, à l'exception des prairies artificielles. A l'égard des prés naturels, ils sont divisés en deux classes. La première, comprenant les prés à une seule coupe, est ouverte aux gros bestiaux seulement après l'enlèvement de la première herbe ; la deuxième, celle des prés à deux coupes ou à regain, n'appartient à la vaine pâture que du 11 novembre au 1er février, époque à laquelle, du reste, on cesse de pouvoir entrer même dans les prés à une coupe.

Villers-Cotterêts. — On ne peut faire entrer les bestiaux dans les prairies naturelles qu'après la deuxième herbe coupée.

§ III. — NOMBRE D'ANIMAUX ADMIS A LA VAINE PATURE. — CANTONNEMENT.

1° *Arrondissement de Laon.*

Laon. — Dans les communes où le droit de vaine pâture n'est pas réglementé, l'usage est d'envoyer un nombre de moutons qui varie de 4 à 6 par hectare.

La Fère. — On ne limite pas le nombre de bêtes que le chef de famille non propriétaire ni fermier peut envoyer avec le troupeau commun à la vaine pâture.

Sissonne. — La fixation est faite en moyenne à trois moutons par hectare.

2 Arrondissement de Saint-Quentin.

Saint-Quentin. — Neuf communes du canton ont réglementé l'exercice du droit de vaine pâture en fixant le nombre de bêtes ovines que chaque propriétaire ou fermier peut envoyer à la vaine pâture par chaque hectare de terre qu'il exploite dans la commune. Fonsommes et Lesdins, 3 ; Essigny-le-Petit, Omissy et Remaucourt, 4 ; Harly, 5 ; Homblières et Mesnil-St-Laurent, 6 ; Fontaine-Notre-Dame 7 par deux hectares, plus moitié de suivants (agneaux) jusqu'au 1er décembre. Le Mesnil-St--Laurent a fixé à deux le nombre de têtes accordées aux forains. — L'usage des cantonnements et des nuits de parc est inconnu dans le canton de Saint-Quentin.

Bohain. — Il n'existe aucun usage local sur le nombre de têtes de bêtes à laine à envoyer à la vaine pâture. Ces quantités ont été fixées par quelques Conseils municipaux.

Le Câtelet. — Parmi les communes de ce canton, certaines sont dans l'usage de diviser, pour la vaine pâture réservée à la race ovine, le terroir en cantonnements proportionnés au nombre de têtes que chaque possesseur de troupeau a droit de livrer à la vaine pâture. Ce nombre est basé sur l'importance de chaque exploitation. Les agneaux comptent à partir du mois d'août. Dans les communes où l'usage n'est pas de cantonner (1), les troupeaux parcourent librement tout le terroir ; mais le nombre de têtes que chaque possesseur peut livrer à la vaine pâture est réglementé par l'autorité locale d'après l'importance de sa culture, c'est-à-dire d'après l'étendue des terres qu'il livre à la pâture commune.

Ribemont. — Dans ce canton où la vaine pâture s'exerce à la fois par les gros et les petits animaux, la quantité de bétail n'est fixée par aucun usage local. En ce qui concerne les bêtes à cornes, chacun envoie le nombre qui lui convient.

(1) Le rédacteur du procès-verbal fait remarquer que le cantonnement est plus fructueux pour les troupeaux, occasionne moins de délits et dégats et en facilite la constatation.

Pour les bêtes à laine, des règlements municipaux fixent la quantité que chacun peut envoyer à la vaine pâture.

3 ° Arrondissement de Soissons.

Dans cet arrondissement, quelques communes seulement ont des règlements qui fixent pour chacun la quantité de bestiaux pouvant profiter de la vaine pâture.

Soissons et Villers-Cotterêts. — Un règlement du 14 juin 1838 donne droit à chacun de mettre au troupeau commun, dans le canton de Villers-Cotterêts, ou de faire garder par troupeau séparé quatre bêtes par chaque hectare livré de la vaine pâture. Ce même usage paraît s'observer dans le canton de Soissons.

Vailly. — Dans presque toutes les communes, l'usage et les règlements locaux ont fixé le nombre des bêtes à envoyer à raison de une bête et demie par chaque arpent d'exploitation.

4o Arrondissement de Vervins.

Les Conseils municipaux de chaque commune déterminent par des règlements particuliers, le nombre de bêtes à conduire au pâturage, en raison de la quantité d'hectares exploités par chaque propriétaire. Dans ce nombre n'est pas compris le *suivant* ou l'agneau qui, naturellement, suit sa mère pendant toute l'année et n'entre en compte qu'à la fin du pâturage.

§ IV. — COMMUNAUX.

Sect. IV. Art. 14. — Néanmoins tout chef de famille domicilié qui ne sera ni propriétaire ni fermier d'aucun des terrains sujets au parcours et à la vaine pâture, et le propriétaire ou le fermier à qui la modicité de son exploitation n'assurerait pas l'avantage qui va être déterminé, pourront mettre sur lesdits terrains, soit par troupeau séparé, soit par troupeau en commun, jusqu'au nombre de six bêtes à laine et d'une vache avec son veau, etc.

6

Chauny. — Les vastes pâturages de la vallée de l'Oise sont actuellement divisés entre les communes et sont loués, ou leurs récoltes vendues aux enchères, chaque année.

La Fère. — On ne limite pas le nombre de bêtes que le chef de famille non propriétaire ni fermier peut envoyer avec le troupeau commun à la vaine pâture.

2° Arrondissement de Saint-Quentin.

Saint-Quentin. — Tous les marais et les propriétés communales étant loués, les usages relatifs au pâturage ou à la dépaissance des communaux ont disparu.

Moy. — Toute personne est dans l'usage de mettre dans le troupeau commun tout son bétail de race bovine, quel qu'en soit le nombre.

L'usage d'envoyer la proie paître sur les communaux, sous la conduite d'un pâtre commun rétribué par tête de bétail, a disparu à peu près de tous les cantons de l'arrondissement, depuis la mise en location des communaux.

3° Arrondissement de Soissons.

Villers-Cotterêts. — Tout chef de famille ou autre se trouvant dans un des cas prévus par l'art. 14 de la loi de 1791, a droit de mettre sur les terrains communaux livrés à la vaine pâture, soit par troupeau séparé, soit en troupeau commun, jusqu'au nombre de six bêtes à laine, et en outre une vache et son veau.

5° Arrondissement de Vervins.

On suit l'art. 14 de la loi de 1791.

SIXIÈME PARTIE.

BANS DE VENDANGE.

Loi des 28 septembre et 6 octobre 1791. Titre Ier, sect. V, art. 1er.

1° Arrondissement de Laon.

Bien que les Commissions cantonales ne s'expliquent pas, l'usage du ban de vendange persiste dans les communes des cantons de Laon, Anizy, Craonne et Neufchâtel qui, seuls, ont conservé quelques vignobles.

2° Arrondissement de Château-Thierry.

Château-Thierrry. — Le ban de vendange est encore en usage dans plusieurs communes du canton ; cependant il tend à disparaître pour faire place à la plus entière liberté.

Charly. — Il est toujours fait un ban de vendange par l'administration municipale dans toutes les communes riveraines de la Marne, et sur l'avis d'hommes compétents.

3° Arrondissement de Soissons.

L'usage des bans de vendange tend à s'effacer de plus en plus.

Vailly. — Cependant il existe encore dans tout le canton de Vailly.

Vic-sur-Aisne. — Et dans les communes d'Ambleny, Berny-Rivière, Cuisy-en-Almont, Fontenoy, Osly-Courtil et Tartiers

SEPTIÈME PARTIE.

GLANAGE,
Ratelage, Grapillage.

Loi de 1791. Titre II. Art. 21.

1° Arrondissement de Laon.

Laon, La Fère. — Ce sont les seuls cantons où les Commissions se soient expliquées à cet égard. Il résulte de leurs explications que, dans la plupart des communes de ce canton, des arrêtés municipaux règlent l'exercice du glanage qui a lieu en commun, sous la surveillance du garde-champêtre, et que les glaneurs doivent être pourvus de cartes individuelles délivrées par les mairies.

2° Arrondissement de Château-Thierry.

Château-Thierry. — Jusqu'à présent, le glanage et le grapillage se sont maintenus (1). Le ratelage n'a lieu que sur les prairies naturelles.

Neuilly-St-Front. — Le glanage à la main subsiste. A l'égard du ratelage, il tombe en désuétude (2). Le grapillage n'est plus dans nos mœurs actuelles.

---

(1) On lit dans le procès-verbal de Château-Thierry : « Il faut le proclamer, » le glanage et le grapillage ont lieu en général d'une manière déplorable, » puisque ce ne sont plus les vieillards, les infirmes et les enfants pauvres » qui seuls exercent ce droit. Tout le monde veut en profiter ; de sorte que » cet abus fait naître la fraude, le maraudage et la paresse. »

(2) La Commission de Neuilly-St-Front dit avec raison : « Le glanage, qui » tend à s'agrandir, prend tous les ans des proportions qu'il serait bon de » limiter. Le ratelage nuit à l'agriculture. »

3° Arrondissement de Saint-Quentin.

Bohain. — Il parait y avoir autant d'usages que de communes. Ici, les gardes-champêtres conduisent et surveillent les glaneurs. Là, ceux-ci vont à volonté, se répandent de tous côtés sur le terrain sans aucun ordre. Plus loin, le glanage n'est permis qu'à de certaines heures du jour. Généralement, il n'est accordé qu'aux enfants, vieillards et infirmes de la classe indigente ; néanmoins, on voit beaucoup de femmes valides et non indigentes aller glaner (1).

Le Câtelet. — L'usage général est de laisser glaner les indigents, vieillards, femmes et enfants. Dans la plupart des communes, le glanage ne s'exerce qu'à des heures déterminées, le plus souvent dans l'après-midi. Dans d'autres communes, il s'exerce pendant toute la journée. Les glaneurs vont en général par bandes. Ils sont, dans beaucoup de communes, inscrits sur des listes et porteurs de cartes ou permis.

Moy. — Le glanage, ratelage et le grapillage des pommes s'exercent dans toutes les communes.

Saint-Simon. — Le ratelage et le grapillage des pommes n'existent pas. Le glanage est réglementé par l'autorité municipale. Il s'exerce sous la surveillance du garde-champêtre.

4° Arrondissement de Soissons.

Dans l'arrondissement de Soissons, ce droit existe généralement partout ; mais il n'est réglementé d'une manière complète et régulière que dans les cantons de Soissons et de Villers-Cotterêts, ainsi que dans quelques communes du ressort d'Oulchy-le-Château et de Vailly. Dans toutes les autres localités, chacun en use comme il l'entend.

Le ratelage est interdit dans les chaumes de blé et d'avoine.

---

(3) Le rédacteur du procès-verbal du canton de Bohain se plaint très-énergiquement des abus et réclame la réglementation sérieuse du glanage par le prochain Code rural.

Quant au glanage, le maire dresse une liste qui comprend les vieillards, les infirmes, les veuves chargées de famille et les enfants de tout indigent ; à chacun de ces individus uue carte est délivrée, revêtue de la signature du maire et du sceau de la mairie. Sur la représentation des cartes, le garde-champêtre réunit tous les ayant-droit et les conduit dans les champs ; car les glaneurs ne peuvent entrer isolément dans une terre même entièrement dépouillée de sa récolte. Ils doivent marcher en ligne, ou par groupe, sous la conduite du garde dont ils ne doivent jamais s'éloigner.

5° *Arrondissement de Vervins.*

L'usage du glanage est général dans l'arrondissement. Le Conseil municipal de chaque commune en réglemente l'exercice.

La Capelle. — Les femmes, les enfants et les vieillards sont seuls autorisés à glaner ; ils ne peuvent le faire que sous la conduite du garde-champêtre. Le plus souvent, les personnes qui ont le droit de glaner sont munies d'une carte ou permis de glanage. Il n'est pas d'usage que le propriétaire fasse râteler dans son champ, si ce n'est sur l'emplacement des meules ou moyettes. Il peut faire ramasser à la main, mais avant l'enlèvement de la récolte.

Sains. — Dans quelques localités de ce canton, le glanage est permis non-seulement aux indigents de la commune, mais encore à un nombre déterminé d'indigents des communes voisines.

HUITIÈME PARTIE.

ENLÈVEMENT DE TERRES, GAZONS
et Pierres appartenant à la Commune.

Titre II. Art. 44. — Les gazons, les terres ou les pierres des chemins publics ne pourront être enlevés en aucun cas sans l'autorisation du directoire du département. Les terres ou matériaux appartenant aux communes ne pourront également être enlevés, si ce n'est par suite d'un *usage général* établi dans la commune pour les besoins de l'agriculture et non aboli par une délibération du Conseil.

1° Arrondissement de Laon.

La Fère. — Le seul canton de La Fère a abordé cette question. Il existe dans ce canton quelques communes où tous les habitants peuvent gratuitement aller chercher les matériaux suivant leurs besoins.

NEUVIÈME PARTIE.

—✻—

CURAGE DES CANAUX ET RIVIÈRES.

Loi du 14 floréal, an XI. Art Ier. — Il sera pourvu au curage des canaux et rivières non navigables et à l'entretien des digues et ouvrages d'art qui y correspondent, de la manière prescrite par les anciens règlements ou *d'après les usages locaux.*

Il n'existe pas d'usage local ; c'est l'arrêté préfectoral, rendu exécutoire par une ordonnance royale du 11 mars 1818, qui sert de règle. En vertu de cette ordonnance, M. le Préfet a pris, le 28 juillet 1852, un arrêté qui reçoit encore son application dans tout le département.

La Commission centrale, après avoir pris communication du travail qui précède, l'a *approuvé* définitivement et a déclaré en conséquence que sa mission était terminée.

Fait et clos à Laon, le trente-et-un janvier mil huit cent soixante-trois, et, après lecture, tous les membres de la Commission centrale ont signé.

Pour copie conforme :

Le Préfet de l'Aisne,

G. CASTAING.

TABLE DES MATIÈRES.

PREMIÈRE PARTIE.

Usufruit.

DEUXIÈME PARTIE.

Servitudes.

FIN DE LA TABLE

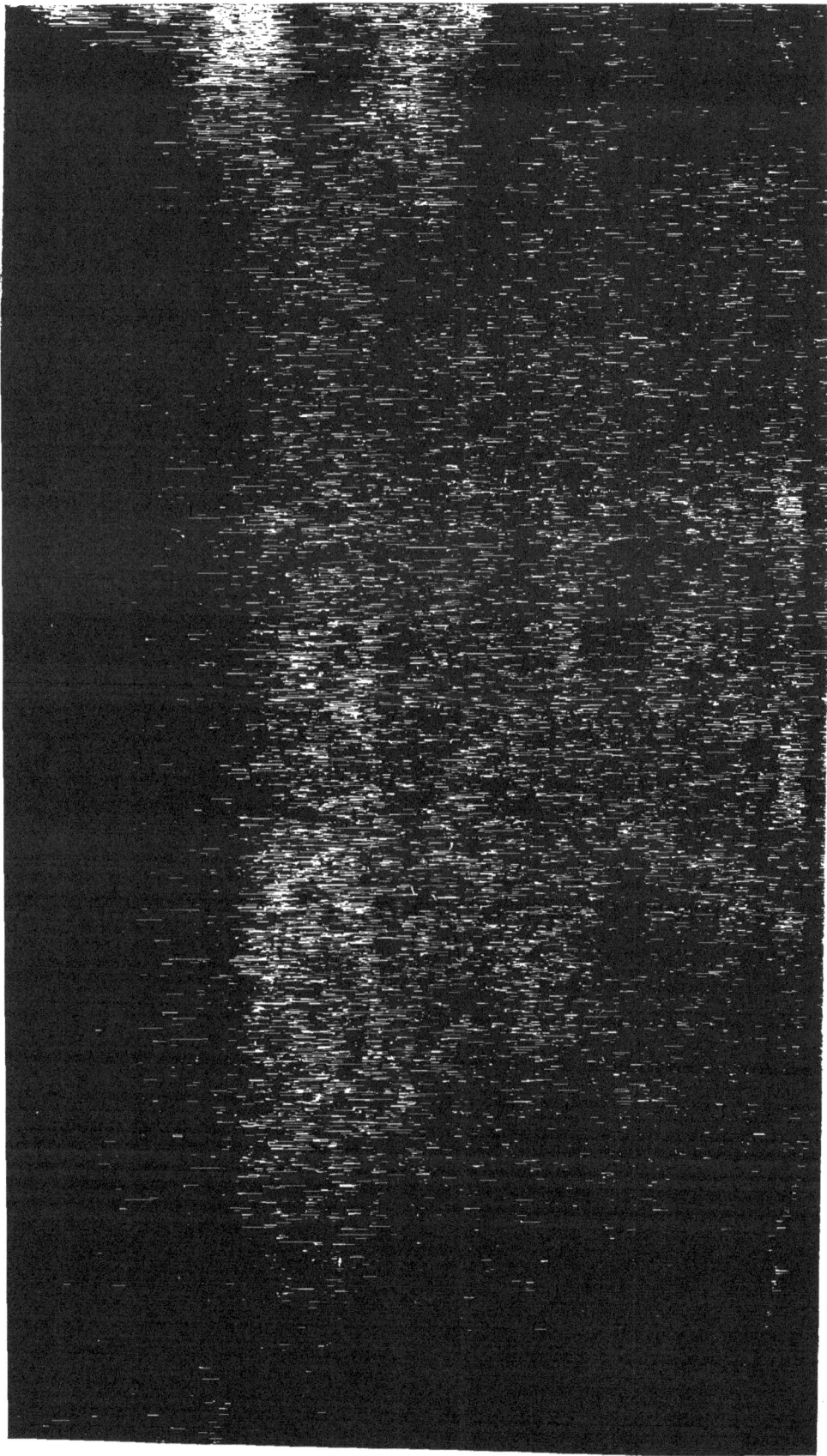

www.ingramcontent.com/pod-product-compliance
Lightning Source LLC
Chambersburg PA
CBHW071458200326
41519CB00019B/5784